DE LA CONFUSION DES DETTES

EN DROIT ROMAIN ET EN DROIT FRANÇAIS.

THÈSE POUR LE DOCTORAT

SOUTENUE

Le samedi, 24 décembre 1864, à 2 heures

PAR

Joseph LAURENS, Avocat,

Lauréat de la Faculté (concours de Licence, 1861).

TOULOUSE
IMPRIMERIE TROYES OUVRIERS REUNIS
RUE SAINT-PANTALÉON, 5.

1864.

F

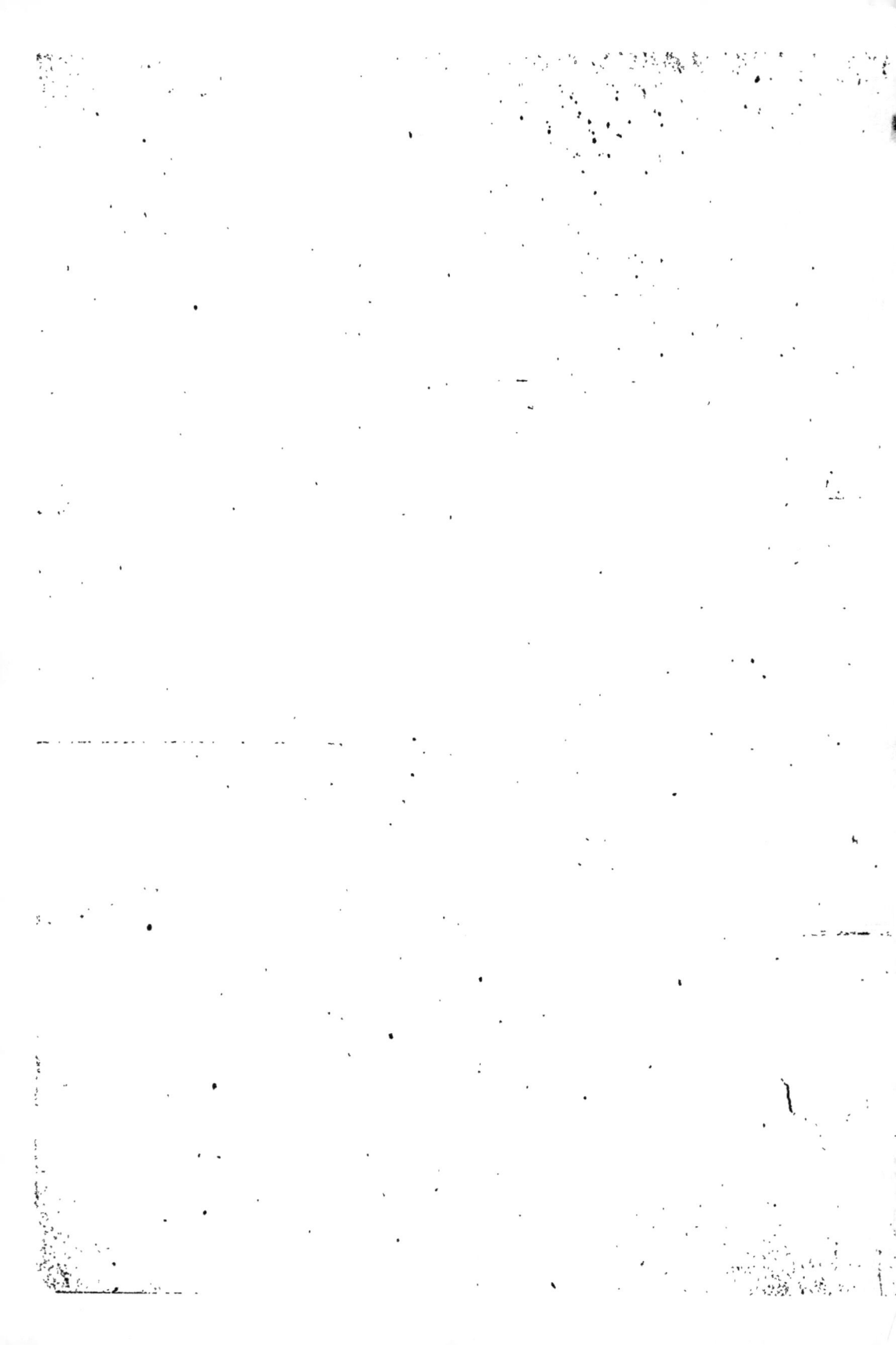

FACULTÉ DE DROIT DE TOULOUSE.

DE LA CONFUSION DES DETTES

EN DROIT ROMAIN, ET EN DROIT FRANÇAIS.

THÈSE POUR LE DOCTORAT

SOUTENUE

Le vendredi, 23 décembre 1864, à 2 heures

PAR

Joseph LAURENS, Avocat,

Lauréat de la Faculté (concours de Licence, 1861).

TOULOUSE

IMPRIMERIE TROYES OUVRIERS RÉUNIS

RUE SAINT-PANTALÉON, 5.

1864.

A MONSIEUR CHAUVEAU-ADOLPHE,

Professeur de Droit Administratif à la Faculté de Toulouse, chargé des fonctions de Doyen,

Témoignage de respect et de reconnaissance.

J. L.

FACULTÉ DE DROIT DE TOULOUSE.

MM. DELPECH ✻, Doyen, professeur de Code Napoléon, en congé.

CHAUVEAU ✻, professeur de Droit Administratif, chargé du décanat.

RODIÈRE ✻, professeur de Procédure civile.

MOLINIER ✻, professeur de Droit Criminel.

BRESSOLLES, professeur de Code Napoléon.

MASSOL ✻, professeur de Droit Romain.

GINOULHIAC, professeur de Droit Français, étudié dans ses origines féodales et coutumières.

HUC, professeur de Code Napoléon.

HUMBERT, agrégé, chargé d'un cours de Code Napoléon.

ROZY, agrégé.

CASSIN, agrégé, délégué à la Faculté de Droit de Nancy.

M. DARRENOUGUÉ, Officier de l'Instruction publique, secrétaire, Agent comptable.

PRÉSIDENT, M. A. Rodière

SUFFRAGANS : { MM. Molinier, Bressolles, Massol, } Professeurs.

Humbert, agrégé.

La Faculté n'entend approuver ni désapprouver les opinions particulières du candidat.

DE LA CONFUSION DES DETTES

En Droit Romain et en Droit Français.

INTRODUCTION.

Exposer la nature de la confusion , considérée
comme mode d'extinction des obligations , et en déduire
les principales conséquences, communes au Droit Romain et au Droit Français , tel est l'objet de cette in-
troduction. Les détails viendront ensuite ; le plus souvent les résultats constatés dans la législation morte se
retrouveront avec une identité parfaite dans la législation qui nous régit. C'est qu'à côté de ces lois essentiellement variables qui s'occupent de l'état civil des
personnes, de l'organisation de la famille, de la constitution même de la propriété, et encore des rapports des
nationaux avec les étrangers, la science du Droit présente un certain nombre de principes immuables comme
la vérité, dont ils sont l'expression fidèle. *Omnes populi,
qui legibus et moribus reguntur, partim suo proprio ,
partim communi omnium hominum jure utuntur.* (Inst.

Just., Lib. I, Tit. II, § 1). Dans la vaste matière des *Contrats*, par exemple, la doctrine et la jurisprudence modernes font-elles autre chose que de reproduire, en les commentant, les solutions des jurisconsultes de Rome ? Et le plus clair, le plus sûr des interprètes de ces lois, si bien appelées la *raison écrite*, n'est-il pas en même temps le meilleur commentateur du titre des *Obligations*, tel qu'il figure au Code Napoléon, l'illustre Pothier ? Pour en venir à notre sujet, le législateur de 1804 admet toutes les causes d'extinction des obligations reconnues par le Droit Romain ; il n'en pouvait ajouter de nouvelles ! Voilà bien pourquoi nous n'aurons pas à nous étendre sur le Droit Coutumier, qui, en cette matière, recueillant les traditions Romaines, nous en a fidèlement transmis le dépôt.

Parmi les modes qui éteignent les obligations, nous avons choisi, pour en faire l'objet d'une étude spéciale, la *confusion*.

Et d'abord, quelle est la signification de ce terme ? La langue du Droit lui assigne plusieurs acceptions. Quelquefois il désigne une manière d'acquérir qui a lieu par le mélange de plusieurs matières appartenant à des personnes différentes. Il est alors synonyme d'*accession*. (Voy. notamment art. 574, C. N.).

Mais le sens le plus ordinaire est celui qui exprime le concours de deux droits ou de deux qualités incompatibles qui se détruisent mutuellement. Ainsi entendue, la confusion reçoit deux applications bien distinctes : l'une relative aux *droits réels*, et l'autre aux *obligations*.

En ce qui concerne les *droits réels*, la confusion s'opère lorsque ces droits, d'abord distincts et séparés, se réunissent dans la même main, comme, par exemple, lorsqu'une personne qui avait un droit d'usufruit ou de servitude sur un fonds, en devient plus tard propriétaire. Dans ce cas, il y a extinction de l'usufruit ou de la servitude, car on ne peut être à la fois propriétaire intégral et propriétaire partiel : *nemini res sua servit.* Cette espèce de confusion s'appelle *consolidation.* (Voy. art. 617, 705, C. N.).

Appliquée aux *obligations,* la confusion est la réunion sur la même tête de deux qualités incompatibles entre elles ; et dont le concours rend l'obligation impossible. Ces deux qualités sont ordinairement celles de créancier et de débiteur ; mais nous verrons, dans le cours de nos explications, qu'elles ne sont pas les seules à produire cet effet.

Que si nous recherchons maintenant l'origine et les motifs de la confusion, voici ce que répondent les textes et les commentateurs.

Quand les auteurs du Droit eurent fixé d'une manière positive les rapports qui existent entre l'héritier et le défunt, et notamment les conséquences de l'adition d'hérédité, la confusion devint aussitôt une nouvelle cause d'extinction des obligations. De nombreux textes du Digeste et du Code établissent, en effet, que le plus souvent la confusion avait son origine dans une acquisition d'hérédité (1). Il en fut ainsi jusqu'à l'intro-

(1) L. 2, § 18, l. 20, D. 18, 4 ; l. 21, § 1, D. 34, 5 ; l. 1, § 18, D. 35, 2 ; LL. 58, 59, 80, D. 56, 1 ; l. 21, § 1, l. 50, l. 71, D. 46, 1 ; l. 54, § 8, l. 75, l. 95, § 2, l. 107, D. 46, 3 ; LL. 8, 17, 18, D. 34, 9 ; l. 29, D. 49, 14 ; l. 2, 7, C. 2. 3.

duction du bénéfice d'inventaire, qui en vint tarir la source la plus abondante.

Ce qui était vrai en Droit romain, l'est encore en Droit français. (Voy. art. 802-2°, C. N.).

Dans ces deux législations, les effets de l'adition de l'hérédité, sauf quelques différences portant sur des points secondaires, sont les mêmes ; les rapports de l'héritier et du défunt sont semblables. L'héritier acquiert le patrimoine de son auteur, tel qu'il se comportait, diminué seulement des droits exclusivement personnels au *de cujus*, mais avec les charges qui le grevaient. *Non intelliguntur bona nisi deducto œre alieno.* Il devient donc le créancier des débiteurs du défunt, comme aussi il est dans la nécessité de désintéresser les créanciers de celui dont il continue la personne : et s'il figure lui-même, soit parmi les débiteurs, soit parmi les créanciers de la succession, n'est-il pas bien naturel d'admettre, au premier cas, qu'il est censé s'être payé sa créance des deniers héréditaires ; que, dans le second cas, sa dette est soldée par la confusion de son patrimoine avec celui du défunt ? C'était là du moins l'opinion de Paul, dans un fragment qui forme la loi 44, § 2, D. *De evict.* (21. 2).

Voilà un premier motif de la confusion ; il n'est pas le seul. Laissons parler Cujas : *Ratio confusionis evidens et naturalis est, quia idem homo non potest esse debitor et creditor, actor et reus ; nemo sibi debere potest, nemo secum agere et expediri. Et ideo,* poursuit-t-il, *confusio etiam est pro solutione, aut pro pensatione cedit. Videtur enim hereditas ipsi heredi, quod debet, solvere potius in ipso articulo adeundœ hereditatis.* De ces prémisses il tire la conséquence suivante : *Tollitur, inquam, confusione omnis obligatio principalis, atque etiam obligatio fidejussoris.* (In. lib. 4 *Quæst.* Pauli, ad leg. 59, *ad S. Cons. Trebell.*).

Après avoir observé que nul ne peut se devoir à lui-même, Cujas ajoute : *Nemo secum agere et expediri.* Remarque qu'il faut bien se garder de perdre de vue, car ces quelques mots contiennent notre théorie tout entière. En effet, la confusion ne paralyse que le droit d'action; elle est le résultat d'une impossibilité, d'un fait qui s'oppose à la poursuite du débiteur. Concevrait-on que, les qualités de débiteur et de créancier venant à se réunir sur la même tête, la créance se pût traduire en une poursuite judiciaire, que le débiteur fût actionné par lui-même, son patrimoine appauvri de ce qu'il doit pour en être immédiatement enrichi? Sous ce rapport, la dette se trouve éteinte; mais quant aux effets pour lesquels une action est inutile, il est vrai de dire qu'elle subsiste, ainsi qu'on le verra plus loin. Et puisque son rôle se borne à rendre impossible l'exécution de l'obligation au regard de la personne en qui elle s'est produite, il faut bien reconnaître que cette personne est *ab obligatione exempta.* Sur ce point Pothier, dans une note insérée sous le Commentaire de la loi 43; D. *de Solut.*, s'exprime ainsi : « La confusion ne fait par elle-même que *dispenser* la personne de son obligation; *elle ne l'éteint point*, si ce n'est indirectement, *c'est-à-dire dans le cas où il ne resterait personne qui fût obligé.* Comme donc dans le cas présent (prévu par la loi 43), il reste une personne obligée, la confusion qui dispense le répondant de son obligation, n'éteint point le lien principal et ne libère pas le débiteur. » (Traduction de Bréard-Neuville.)

Elle ne doit pas être assimilée aux autres modes d'extinction des obligations, et, par exemple, au paiement : le paiement consistant dans l'exécution de ce qui a été promis, éteint la dette, libère par suite les accessoires fournis, et notamment les gages ; il n'en est pas ainsi de la confusion. (L. 60, D. 30. 1 ; l. 14, § ult. D. 46. 3.)

Le paiement fait par l'un des débiteurs corréos profite à l'autre (L. 3, D. 45.2) ; la confusion, au contraire, s'opérant dans la personne de l'un deux, laisse l'autre dans les liens de l'obligation. Le fidéjusseur enfin, qui désintéresse le créancier, paye à la décharge du débiteur, tandis que, si le créancier succède au fidéjusseur, ou réciproquement, l'obligation accessoire est seule éteinte : la loi 71, D. De fidej. (46. 1), en fait la remarque expresse. Le jurisconsulte Modestin met cependant sur la même ligne l'acceptilation et la confusion (L. 75, D. de solut. 46. 3) ; mais il va évidemment trop loin : l'acceptilation produit des effets absolus, elle détruit l'obligation, au lieu que la confusion ne l'éteint que par accident, quand il n'y a plus de personne obligée. Du reste, il ne les compare qu'au point de vue du droit d'action (*peremit actiones.*)

Reste maintenant à rechercher sous quels rapports la dette continue à exister, malgré la confusion. Pour formuler un principe commun au Droit Romain et au Droit Français, nous dirons que la charge de la dette ou le bénéfice de la créance continue à exercer son influence quant aux effets pour lesquels une action est inutile, et encore au point de vue et dans la limite de l'intérêt que peut avoir un tiers à l'existence de la dette.

Ainsi , 1º le débiteur, devenu héritier de son créancier, devra imputer, pour la détermination de la quarte
Falcidie , ce qu'il devait au défunt , par la raison qu'il
est censé recueillir une hérédité plus considérable à
raison de la libération dont il profite (L. 1. § 18 ; L. 87,
§ 2 , D. *Ad leg. Falcid.* 35. 2.) *In imponendâ ratione
legis Falcidiæ omnes æs alienum deducitur , etiam quod
ipsi heredi mortis tempore debitum fuerat, quamvis aditione
hæreditatis confusæ sint actiones* (L. 6, C. *eod. tit.* 6. 50.
Conf. l. 8. 1. 14, *eod.*) Pour la fixation de la quarte légitime, le calcul s'opère d'après les mêmes règles (L. 8,
§ 9, D. *De inoff. test.* 5. 2 ; L. 2, C. *De donat. mort.
caus.* 8, 57 Voy. *infrà* L. 95, § 2, D. *De solut.* 46.3.)
Dans les deux cas on considérait le patrimoine du défunt
tel qu'il était au moment de sa mort : *mortis tempore
inspicitur* (L. 6, C. *De inoff. test.* 3. 28).

De même , sous l'empire du Code Napoléon, la confusion se bornant à rendre impossible l'exercice de l'action, n'empêche pas la créance de faire partie de la masse
héréditaire. Les dettes respectives du défunt et de l'héritier seront donc comprises dans l'actif ou le passif de
la succession pour le calcul de la réserve. (Demolombe
t. 19, nº 266 ; Duranton , t. 8, nº 333 ; Marcadé , art.
922, nº 11; Mourlon, t. 2, p. 305 et p. 735; Vernet,
quotité disponible , p. 422, Zachariæ, Aubry et Rau,
t. 5, p. 562, texte et note 4.)

2º Quand le débiteur ne devient héritier du créancier
que pour partie, l'obligation ne s'éteint que partiellement;
pour le surplus , il reste tenu envers ceux à qui passe
le reste de la succession du créancier défunt. Le résultat est identique et la confusion partielle si de plusieurs
débiteurs l'un succède au créancier, ou *vice versâ* ; la

personne seule est exonérée de l'obligation, qui continue d'exister à l'égard des autres, à moins que celui qui est libéré ne fût leur garant.

En résumé, la confusion éteint la dette en ce sens qu'elle en rend l'exécution impossible, mais elle la laisse subsister sous tous les autres rapports ; son effet est très bien exprimé dans la formule suivante, que les docteurs ont extraite de la loi 71, D. *De fidej.* (46, 1) : *Confusio potius eximit personam ab obligatione quam extinguit obligationem.*

Cette théorie générale connue, nous pouvons passer aux détails.

PREMIÈRE PARTIE

DROIT ROMAIN.

Nous distribuerons dans deux chapitres ce que nous avons à dire sur la confusion : le premier comprendra l'examen des divers cas dans lesquels elle se produit; le second sera consacré à l'étude des causes qui empêchent ou font cesser la confusion.

CHAPITRE PREMIER.

Des cas dans lesquels se produit la confusion et de ses effets.

La confusion s'opère de plusieurs manières :
Le créancier peut succéder au débiteur, ou le débiteur au créancier;

Le débiteur au fidéjusseur, ou le fidéjusseur au débiteur;

Le fidéjusseur au créancier, ou le créancier au fidéjusseur;

L'un des débiteurs corrées ou simplement solidaires au créancier, ou réciproquement. — L'un des *correi credendi* au débiteur, ou *vice versâ*;

Le fidéjusseur, à l'un des débiteurs ou à l'un des créanciers solidaires, ou à l'inverse;

L'un des *correi debendi* ou l'un des *correi credendi*, à son corrée, soit de promesse, soit de stipulation;

Le fidéjusseur, à son cofidéjusseur;

Le fisc à son débiteur; ou au débiteur et au créancier; ou plus généralement un tiers à deux personnes, dont l'une était créancière de l'autre.

Reprenons, pour les étudier, dans des paragraphes distincts, chacune de ces diverses combinaisons.

I.

Le débiteur succède au créancier, ou le créancier au débiteur.

Nous avons dit plus haut que l'effet de la confusion était d'exonérer la personne en qui elle se produit; que, si elle éteignait l'obligation, ce n'était qu'accidentellement et lorsqu'il ne restait plus de personne tenue du même lien. Il est alors vrai que la confusion équivaut à paiement, puisqu'elle produit, pour la dissolu-

tion de l'obligation, l'effet que produirait un véritable
paiement. Le paiement libérerait le débiteur et les garanties accessoires qu'il a fournies, en même temps qu'il
procurerait au créancier l'intégralité de ce qui lui est
dû. Eh bien ! la confusion produira le même effet dans
l'hypothèse où l'unique débiteur succèdera à l'unique
créancier, ou réciproquement.

Prenons d'abord le cas où le créancier succède au
débiteur. Si nous n'avions plusieurs textes formels, la
raison seule nous conduirait à décider que la créance
s'est éteinte : n'est-il pas, en effet, bien évident qu'une
obligation serait impossible *ab initio*, dans laquelle la
même personne se trouverait à la fois créancière et
débitrice ? Comment, dès lors concevoir qu'un tel droit
puisse continuer à exister, quand deux des éléments
essentiels à sa formation se trouvent absorbés l'un par
l'autre ? L'obligation est alors *deducta in eam causam à
quâ incipere non potest*. (*Inst.* § 14, *de legat.*) Et voilà
pourquoi elle s'éteint aussi complètement que si le
créancier en avait reçu le paiement.

Il y a un autre motif : en ce qui concerne le créancier qui succède à son débiteur, l'effet de la confusion
est de lui procurer *ipso jure* tout ce qui lui est dû,
même naturellement, ainsi qu'il sera expliqué plus bas.
Une sorte de compensation s'opère entre sa créance et
les biens composant la succession qu'il recueille. Assu-
rément, cette idée n'est pas nouvelle ; le jurisconsulte
Paul l'exprime en ces termes : *Cùm creditor debitori
suo heres extitit, minùs in hereditate habere videtur, tan-
quàm ipsa hereditas heredi solverit.* (L. 44, § 2, D.
de evict. 21, 2).

Outre ce texte, nous citerons à l'appui de ce que nous

avançons les lois 7, C. de pactis (2, 3), 5 et 6. De hereditat. act. (4, 16.), et surtout la première partie du § 2, loi 95, D. De solut. (46, 3), qui doit faire l'objet d'un commentaire spécial.

Aditio hereditatis, dit Papinien, *nonnunquàm jure confundit obligationem : veluti si creditor debitoris, vel contrà debitor creditoris adierit hereditatem. Aliquandò pro solutione cedit, si fortè creditor, qui pupillo sine tutoris auctoritate nummos crediderit, ei heres extiterit : non enim quantò locupletior pupillus factus est consequitur, sed in solidum creditum suum ex hereditate retinet...*

Dans ce fragment, l'adition d'hérédité nous est représentée comme amenant quelquefois l'extinction d'une obligation par voie de confusion ; ce qui arrive quand, par exemple, le créancier hérite du débiteur, ou réciproquement. Dans l'espèce, il s'agit d'une obligation civile pleinement efficace, contre laquelle le débiteur n'avait aucune exception pour repousser les poursuites dont il pouvait être l'objet. Cela étant, le créancier succède *ex asse* au débiteur; l'obligation s'éteint par confusion, l'action qui était possible disparaît, puisque le créancier et le débiteur ne font plus qu'une seule personne, et que nul ne peut se devoir à soi-même.

Le motif qui fait admettre l'extinction par confusion de l'obligation civile, milite avec la même force en faveur de l'extinction de l'obligation naturelle, puisque, d'après l'équité d'accord avec la réalité, il n'est personne qui soit tenu à l'acquittement de la dette autre que celui-là même qui recueille les biens du débiteur, avec lesquels le paiement doit être fait.

On a quelquefois mis en doute que l'obligation naturelle fût susceptible de s'éteindre par voie de confusion, en invoquant la loi 59, D. ad Sen. Cons. Trebell. (36, 1). Disons-le d'avance, cette objection est sans fondement ; car, en expliquant tout-à-l'heure ce texte, nous verrons que les faits y exposés expliquent pourquoi, nonobstant la confusion qui s'est produite, il y a survivance d'une obligation naturelle. Du reste, les lois qui établissent l'affirmative sont nombreuses et formelles.

Mais poursuivons l'examen de notre § 2. Papinien se demande précisément quelle est l'influence de l'adition d'hérédité sur les rapports d'obligation naturelle qui pouvaient exister entre le défunt et son héritier. Quelquefois, dit-il, l'adition d'hérédité tient lieu de paiement, par exemple, quand celui qui avait prêté de l'argent à un pupille sans l'*auctoritas* du tuteur, devient héritier du pupille. Il n'obtient pas uniquement ce dont le pupille s'est enrichi ; c'est sa créance entière qu'il peut retenir sur l'hérédité.

L'explication de ce texte a soulevé une vive controverse entre les commentateurs. C'est que la décision sur laquelle il repose était loin elle-même de recueillir le suffrage unanime des jurisconsultes romains. Le pupille pouvait-il, à suite d'un *mutuum*, par exemple, être regardé comme tenu *naturâ*? Telle est la question dont il convient de rechercher la solution.

On sait que l'obligation naturelle est une obligation civile imparfaite ; en effet, à la différence de l'obligation civile proprement dite, qui, protégée par les principes juridiques de la cité romaine, fournit au créancier une action, un moyen d'attaque, une sanction directe, l'obligation naturelle n'a de force que par une exception, par une résistance, par une sanction indirecte. Mais si elle ne peut être une cause civile d'action, elle est du moins une cause civile de paiement. En d'autres termes, si l'obligation naturelle ne produit pas d'action en faveur du créancier contre le débiteur, elle empêche ce qui serait payé par celui-ci d'être répété comme indû. *Naturalis obligatio, quæ neque petitionem habet antequam solutio facta sit, neque repetitionem postquam solutio facta est.*

D'après les principes du droit naturel, toute personne, quel que soit son âge, est obligée dès qu'elle comprend la portée de ses actes. Conformément à cette donnée de la raison, on décidait que le pupille *doli capax* était civilement responsable de ses délits et tenu des obligations résultant des contrats dans lesquels il avait fait usage du dol. Le Droit civil admettait bien encore que les impubères *sui juris* pouvaient, *sine tutoris auctoritate*, rendre leur condition meilleure, devenir créanciers ; mais il s'opposait à ce qu'ils devinssent débiteurs sans l'assistance de celui qui était chargé de compléter leur personne.

L'équité fit néanmoins admettre un tempérament dont la loi 5, pr., D. *De auct. et cons.* (26-8,) nous rend compte en ces termes : *Divus Pius Antoninus rescripsit jure pupillam non teneri, sed in quantum locupletior facta est dandam actionem.* Que ce progrès soit dû à un rescrit d'Antonin, ou que cet empereur se soit borné, comme le suppose M. de Savigny, à confirmer un point de Droit qui avait pour lui l'autorité des jurisconsultes, toujours est-il que le pupille se trouva tenu *in id quod locupletior factus est* : décision en parfaite harmonie avec le but même de la tutelle, qui est de protéger l'incapable ; or, cet objet est atteint quand le pupille s'est enrichi.

Mais *quid* s'il n'y a pas eu enrichissement ? Notre question se présente ici toute entière, et il faut bien convenir que les Pandectes contiennent des textes favorables aux deux opinions.

Un premier fragment, la loi 41, D. *De cond. indeb.* (12-6), émané de Nératius, l'un des chefs de l'école Proculéienne, semble exclure radicalement toute idée d'obligation naturelle : *Quod pupillus sine tutoris auctoritate stipulanti promiserit, solverit, repetitio est; quia* NEC NATURA *debet.*

Le second texte est du jurisconsulte Licinius Rufus, postérieur à Antonin. Adoptant l'opinion de Nératius, il écrit : *Pupillus mutuam pecuniam accipiendo,* NE QUIDEM NATURALI JURE *obligatur.* (L. 59. D. *De oblig. et act.* 44. 7.)

Un grand nombre d'autres passages du Digeste supposent, au contraire, que le pupille est tenu *naturâ*, même quand il a contracté seul.

Divers systèmes ont été proposés pour la conciliation de ces textes.

D'après certains auteurs, les lois refusant de reconnaître l'obligation naturelle, se réfèrent au pupille *proximus infantiæ*, tandis que celles qui l'admettent doivent être entendues du pupille *proximus pubertati.* Cette théorie, soutenue par Accurse et Doneau (ce dernier, sous la loi 127, D. *De verb. oblig.* 45. 1), repose sur une idée fort rationnelle, à savoir qu'il serait déraisonnable de prétendre lié, même naturellement, un impubère hors d'état d'apprécier absolument l'opération à laquelle il participe. Mais si cette distinction est fort exacte relativement à l'imputabilité du dol, on ne saurait l'admettre en matière de contrats, puisque les

nombreux textes qui traitent de l'obligation d'un pupille n'en font pas mention. Il y aurait ainsi de la
témérité à repousser l'existence de l'obligation naturelle toutes les fois que le pupille qui avait contracté
seul, n'était point *pubertati proximus.*

Un second système, défendu par Vinnius, enseigne
que les textes négatifs se rapportent aux incapables
qui ne sont jamais tenus, tandis que les textes affir-
matifs ont en vue les tiers accédant à l'obligation
du pupille. — Cette opinion ne supporte pas l'examen :
comment admettre une dette naturelle sans un débiteur naturel. *Non potest esse obligatio sine personâ obligatâ.* Elle est, en outre, contraire à la loi 44, D. *De
solut.* 46, 3.

Enfin un dernier système, défendu par Cujas et
Pothier, distingue s'il y a eu ou non enrichissement,
pour, au premier cas, déclarer le pupille tenu *in id
quod locupletior factus est;* au second, repousser l'existence de l'obligation naturelle.

Avant d'examiner cette théorie, disons d'abord que,
pour la soutenir, ses partisans se voient réduits à dé-
naturer les décisions des jurisconsultes romains. C'est
ainsi que Cujas (*Comment. in lib. 28 Quæst. Papin.*), et
Pothier (*ad Pand. tit. de solut.*, n° 119, note), pour
mettre notre § 2, 1. 95, en harmonie avec leur opinion,
proposent de substituer *in solutum* à *in solidum*, et de
lire : *Non enim quantò locupletior pupillus factus est,
consequeretur, sed in solutum creditum suum ex hereditate retinet.* D'après quoi, le sens serait que le créancier ne pourrait pas obtenir par une action ce dont le
pupille s'est enrichi, mais qu'il retiendrait en paiement
sur l'hérédité sa créance, c'est-à-dire, ce dont le pupille s'est enrichi.

En effet, disent-ils, le pupille qui a emprunté de
l'argent sans l'autorisation de son tuteur, n'est point
obligé même naturellement, s'il n'est devenu plus
riche, et avant la constitution d'Antonin on ne pouvait
jamais le poursuivre. Or, Papinien raisonne ici au
point de vue du droit antérieur à cette constitution,
sans se préoccuper de l'innovation qu'elle a introduite.

Il est aisé de comprendre combien cette substitution
d'*in solutum* à *in solidum* est peu naturelle, combien
elle rend obscure, pénible, la décision de Papinien,
tandis que la version qui respecte le texte présente un
sens très simple et conforme aux vrais principes. Est-il
d'ailleurs vraisemblable que Papinien, s'occupant d'une
question essentiellement pratique, l'ait traitée, non
au point de vue du droit actuel, mais en se référant
à un état de choses qui avait précédé la constitution
d'Antonin, abstraction faite du changement considérable
apporté par cette décision impériale? Cette correction
n'est autorisée dans aucun manuscrit, et les Basiliques
ne laissent aucun doute sur la véritable pensée du
jurisconsulte : *Totum enim*, porte la traduction latine,
*neque id tantum in quantum locupletior factus est, in
hereditate consequor.*

Il y a mieux : un autre texte de Papinien, la loi 25,
§ 1, D. *quando dies legat.* (36-2) montre clairement que
ce grand jurisconsulte regardait le pupille comme obligé
naturellement, quoique ayant agi sans l'autorisation du
tuteur et sans s'être enrichi. Dans cette loi il est question d'un testateur qui a condamné son héritier à donner à Titius ce que Séius lui devait. Séius est un pupille à qui le testateur a prêté, sans l'autorisation du
tuteur, des écus qu'il a dissipés. Un tel legs sera-t-il

valable? Le jurisconsulte répond par une distinction fondée sur l'intention du testateur créancier *petitor* (1). —Le legs sera nul, s'il a pour objet une dette actuellement exigible, et, dans l'espèce, on a légué ce que Séius doit (*præsens debitum*); il sera nul, parce que le pupille ne doit rien (*nihil ejus debet*), ayant dissipé l'argent qui lui a été prêté. Mais si, par le mot dette, le testateur a eu en vue l'obligation naturelle, le *vinculum æquitatis*, et le paiement qui pouvait être fait par la suite, le legs produira un effet. Sans doute, le légataire ne pourra pas encore demander à l'héritier de lui céder la créance, de le constituer *procurator in rem suam* : A quoi bon, puisqu'il ne lui serait pas possible de poursuivre le débiteur? Il attendra donc que le pupille effectue un paiement volontaire. En un mot, un tel legs équivaut à celui qui serait ainsi fait : que mon héritier donne à Titius ce que le pupille paiera.

Ce legs semble donc conditionnel, puisque son efficacité dépend de la circonstance incertaine qu'il y aura paiement. Mais Papinien, en terminant, a bien soin de nous prémunir contre cette croyance. Il distingue entre

(1) Les auteurs ne s'accordent point touchant le sujet auquel se rapporte le mot *petitor* employé par le jurisconsulte. Les uns l'entendent du légataire, en admettant que Papinien songe aux différentes résolutions auxquelles il peut s'arrêter. D'autres l'entendent du testateur; ils s'appuient sur le verbe *cogitavit* de la phrase suivante, qui semble indiquer que le jurisconsulte se préoccupe de la pensée qu'a pu avoir le disposant. Quel que soit au reste, le parti qu'on adopte, le résultat est le même quant au fond : obligation naturelle reconnue par Papinien, et, comme conséquence, validité du paiement.

les conditions tacites qui proviennent d'une source autre que la volonté du testateur, *extrinsecus venientes*, et les conditions expresses (*ex testamento venientes*) : les premières suspendent seules le moment où le *dies legati cedit*, tandis que les secondes se bornent à retarder l'exigibilité du legs, en sorte que le légataire venant à mourir avant le paiement fait par le pupille, son héritier pourrait fort bien recueillir le legs. (*Conf.* 1. 99. D. *De cond. et demonst.*, 35. 4.)

La doctrine de Papinien, qui admet une obligation naturelle à suite d'un emprunt fait sans autorisation par le pupille, et bien qu'il n'y ait pas eu enrichissement, est aussi celle de Paul, Marcien et Mécien.

Paul, 1. 24 pr. D. *ad leg. Falcid.* (35. 2) suppose qu'on avait prêté 10 à un pupille *sine auctoritate* : le prêteur fait un legs à son débiteur sous la condition qu'il remboursera à son héritier la somme prêtée. Le pupille effectue le paiement ; un double effet se produit : 1° accomplissement de la condition ; 2° extinction de l'obligation naturelle. Paul signale immédiatement l'intérêt qu'il y a à considérer le remboursement du *mutuum* comme l'acquittement d'une créance de l'hérédité : l'héritier devra imputer ces 10 sur la quarte Falcidie (on sait qu'il ne doit imputer que ce qu'il reçoit *jure hereditario*, 1. 76, 91, D. *eod. tit.*), tandis qu'il n'y aurait pas lieu à cette imputation s'ils n'avaient été comptés que pour accomplir la condition. Il est tellement vrai, ajoute-t-il, qu'il y a eu paiement, que, en cas de répudiation du legs, toute répétition serait interdite (*Conf.* Paul, 1. 4 3, D. *de oblig. et act.* 44. 7 ; Ulpien, 1. 4, § 4, D. *De noval. et deleg.* 46. 2, 1. 40, § 4, D. *de mort. caus. donat.* 39. 5 ; Marcien, 1. 44, D. *de solut.* 46. 3 ; Mécien, 1. 64, D. *ad Sen. Cons.*

Trebell. 30. 1., Pomponius, 1. 42, D. *de jurejur.* 12.
6.)

De ce long exposé concluons qu'il y avait eu controverse entre les jurisconsultes, mais que l'opinion domi-
nante, suivie par Justinien, admettait l'existence de
l'obligation naturelle pour le mineur non enrichi (l. 1,
§ 1., D. *de novationib.* 46. 2 ;) et que, quant aux frag-
ments opposés, ce sont des textes empruntés par inad-
vertance aux jurisconsultes qui avaient émis un avis opposé.

Revenons maintenant à notre point de départ : quelqu'un qui avait prêté de l'argent à un pupille sans l'autorisation du tuteur, devient unique héritier de l'emprunteur. L'adition d'hérédité, dit Papinien, vaut paiement,
opère comme s'il y avait eu paiement. L'expression dont
se sert ici le jurisconsulte, *pro solutione cedit,* est certainement moins énergique que celle qu'il employait dans
la première hypothèse ; *aditio hereditatis jure confundit
obligationem.* La raison de cette différence est que, dans
notre espèce, il ne peut être question de l'extinction d'une
obligation proprement dite, puisqu'il n'y avait pas véritablement obligation avec action ; seulement, le paiement est censé avoir eu lieu. Voilà pourquoi le créancier
retiendra, avec raison, tout ce qui lui est dû, *in solidum,*
et non pas uniquement ce dont le pupille s'est enrichi.

Nous avons dit plus haut que l'adition de l'hérédité du
débiteur par le créancier équivalait à la *solutio* ; d'où
cette conséquence que les débiteurs accessoires, tels
que fidéjusseurs, *mandatores pecuniæ credendæ,* étaient
libérés.

Nous aurons à revenir bientôt sur ce point, textes à
l'appui, quand nous étudierons les effets de la confusion,
soit totale, soit partielle.

Mais , avant d'aller plus loin , nous parlerons d'une exception au principe général qui vient d'être posé , d'un cas où l'obligation naturelle semble survivre à la disparition de l'obligation civile : il fait l'objet de la loi 59, D. *Ad Sen. Cons. Trebellianum.* 36. 1, dont il a été question plus haut (1).

Un débiteur, qui avait remis un gage à son créancier l'institué son héritier, en le priant de restituer la succession à sa fille (la fille du testateur). L'institué ne se souciant pas d'accepter la succession qui lui paraissait onéreuse, est contraint par le préteur à faire adition et à restituer. Comme il ne trouvait pas d'acheteur pour le gage, il demandait l'autorisation de le conserver à titre de propriétaire. Le jurisconsulte Paul consulté répondit : Sans doute l'adition d'hérédité a éteint l'obligation par confusion ; mais voyons si le gage est également libéré parce qu'il n'y aurait plus même obligation naturelle. De deux choses l'une : ou le créancier , qui est devenu héritier, possède, ou il ne possède pas le gage : examinons ce qui doit arriver dans les deux cas. S'il possède, le créancier ne peut être atteint par aucune action de la part du fidéicommissaire ; il ne peut l'être par l'action pignératitienne, parce que c'est une action héréditaire ; on ne peut exiger de lui l'exécution du fidéicommis , sous prétexte qu'il n'aurait pas tout restitué. Cette prétention serait fondée en l'absence d'un gage ; mais ici la possession s'explique à titre de créancier. Quand

(1) Cette loi étant fort difficile, nous en donnons la traduction empruntée à M. Machelard, dans son excellent traité *des obligations naturelles* , p. 290.

même le fidéicommissaire détiendrait la chose engagée, il y aurait lieu à l'action Servienne. Il est vrai de dire qu'il n'y a pas eu de paiement, comme on le dit (quelquefois), quand l'action a échoué à raison d'une exception. Par conséquent, ce n'est pas seulement le droit de rétention, c'est aussi le droit d'agir en vertu du gage qui compète au créancier; et, en cas de paiement, il n'y aurait pas répétition. L'obligation naturelle subsiste donc, de manière à être efficace à raison du gage. — Si les choses étaient entières, je serais d'avis que l'héritier ne peut être contraint à faire adition qu'autant qu'on lui aurait donné des sûretés pour le rendre indemne, ou qu'on l'aurait désintéressé. En effet, quand l'institué prétend réaliser un gain, par exemple, quand un legs lui a été laissé pour le cas où il ne serait pas héritier, on a décidé qu'il ne pouvait être contraint à faire adition qu'autant qu'on lui tiendrait compte de son legs. On peut même dire alors qu'une contrainte absolue serait en désaccord avec la volonté du défunt, qui, en léguant à l'institué pour le cas où il ne ferait pas adition, a subordonné cette adition au gré de l'héritier. Le testateur lui ayant laissé le choix, nous devons le lui conserver.

Telle est la traduction de cette loi, dont les difficultés ont occupé les plus célèbres commentateurs (1). En voici l'explication : à la question de savoir quel avantage peut retirer le créancier de la conservation d'une obligation naturelle (2) qui pèsera sur lui-même, Paul

(1) Voy. Cujas, *tract. 9 ad African. in lege*, 58. D. 12, 6; Ant. Favre, lib. 17, *Conject.*, cap. 16 et 17 ; Melchior de Valence, *de Confusione*, cap. 2.

(2) Cette loi est un nouvel exemple des efforts tentés par les

répond que l'utilité s'en fait sentir dans le cas où il n'est que transitoirement l'héritier de son débiteur; et, dans l'espèce, il joue le rôle d'un simple intermédiaire, chargé par le défunt de transmettre son patrimoine à sa fille, il est fiduciaire : position véritablement digne d'intérêt. Que si on demande pourquoi le testateur, au lieu d'instituer sa fille, a prié un tiers de restituer sa succession à celle-ci, on pourra dire qu'il est souvent de l'intérêt, soit des fidéicommissaires impubères, soit des fiduciaires eux-mêmes, d'éviter les embarras, la gêne ou même les dangers inséparables de l'administration de la même fortune en qualité de tuteur. Mieux valait alors que les enfants fussent exhérédés et ne reçussent qu'indirectement les biens de leurs ascendants. Dans ce cas, les exhérédés ne pouvaient intenter la *querela inofficiosi testamenti*, la légitime étant valablement laissée par fidéicommis, au temps des jurisconsultes (L. 18, D. 28, 2; l. 16. D. 37. 4; l. 12, § 2, et l. 47, D 38.2 ; Instit. §6, lib. 2. tit. 18; l. 8. § 6, D. 5, 2; l. 29, C. 3, 28).

Ne voulant pas accepter la succession comme suspecte (*quasi damnosam*), l'institué fait adition sur l'ordre du préteur ; et alors, conformément à la disposition du sénatus-consulte Pégasien, qui porte qu'en pareil cas les conséquences de la restitution sont réglées par le

---

jurisconsultes pour atténuer le rigorisme du Droit civil, qui enrichissait le débiteur en arrêtant la réclamation du créancier dans un cas où, contraint par le préteur à faire adition d'une hérédité qui ne lui profitait, il n'était pas juste qu'il en résultât un préjudice pour lui. Voilà pourquoi l'obligation naturelle se produit (Massol, *Oblig. nat.*, p. 84, note).

sénatus-consulte Trébellien, l'héritier demeure étranger aux suites de son acceptation ; il peut donc, à l'aide de l'exception *restitutæ hereditatis*, rendre inefficaces toutes les actions intentées contre lui par les créanciers héréditaires. Mais s'il était lui-même créancier, l'adition a opéré, en droit strict, confusion de son droit ; *semel heres, semper heres.*

En serait-il de même dans le cas où le fiduciaire aurait eu le soin de se faire donner un *pignus*? Du parti à prendre sur cette première question dépend la solution de la seconde, qui est de savoir si le créancier, ne trouvant personne pour acheter le gage, peut solliciter de l'empereur l'autorisation de le conserver à titre de propriétaire. *Aditione hereditatis confusa est obligatio*, objecte Paul, bien que la restitution ait eu lieu en vertu du sénatus-consulte Trébellien. Mais si la disparition de l'obligation civile est conforme au droit strict, il n'en est pas de même de l'obligation naturelle, dont le jurisconsulte reconnaît implicitement la survivance , puisqu'il en étudie les effets, soit que le fiduciaire possède le gage, soit qu'il ne le possède pas.

Et d'abord, dans l'hypothèse où le fiduciaire possède le gage, le fidéicommissaire ne peut, par aucune action, l'obliger à le restituer ; intentera-t-il l'action *pigneratitia directa*, qui compète au débiteur pour se faire rendre la chose engagée? Mais il sera repoussé, *quoniam hereditaria est actio*; ce qui demande explication.

Godefroy, *sub. h. l.*, et Pothier (*ad Pand., h. t.*, nº 132, note 2), adoptant la correction de Cujas (*in lib 4, Quæst. Pauli, sub. h. l.*), proposent de lire : *hereditaria non est actio*. Cette correction, si elle était admise, conduirait à refuser au fidéicommissaire l'exercice de l'action pignératitienne pour tous les gages que le défunt n'aurait pas libérés avant sa mort, puisque la condition sous laquelle ils peuvent être réclamés, leur dégrèvement du vivant du testateur, est désormais impossible. — Une autre explication a été donnée : le défunt n'aurait pu exercer cette action qu'après paiement ; il en doit être de même du fidéicommissaire, le paiement dans l'espèce faisant défaut (Voy. notamment Favre, lib. 7, *Conject.*, cap. 16). Mais il faut encore rejeter cette opinion qui, remplaçant *quoniam* par *quamquam*, explique sans doute pourquoi l'action pignératitienne, bien qu'héréditaire, ne peut être employée par le fidéicommissaire, mais ne rend point compte du motif qui porte le jurisconsulte à refuser l'action, précisément parce qu'elle est héréditaire.

Enfin un troisième système, proposé par Schulting (*notæ ad Pand. sub. h, l.*) et admis par M. Machelard, *op. cit.*, p. 302, explique très bien le motif pour lequel l'action pignératitienne fait exception à cette règle du Sén. Trébellien, qui accorde au fidéicommissaire les actions héréditaires au moins comme *utiles*. Le Droit civil déclare éteintes, par confusion, les créances qu'avait contre la succession celui qui l'a acceptée ; à l'inverse, l'héritier ne saurait, *jure civili*, rester débiteur de ce qu'il devait au défunt. Par application, il n'est pas possible que l'action pignératitienne puisse être dirigée contre celui-là même qui est l'héritier *ex asse*, *quoniam hereditaria est actio*. Le Droit Civil et l'équité sont d'accord pour maintenir l'extinction.

Et si la fille du testateur ne peut pas diriger l'action pignératitienne contre le fiduciaire, elle ne pourra non plus le poursuivre par la *petitio fideicommissi* ; car, dit Paul, il retient la chose, non comme héréditaire, mais *quasi creditor*, grâce au *pignus*, qui a sa base dans la dette naturelle. Elle continue donc à exister (1).

Quid, si le fidéicommissaire possède le gage? Dans cette seconde hypothèse, le fiduciaire pourra-t-il, nonobstant la confusion, et en sa qualité de créancier gagiste, exercer l'action hypothécaire? Paul enseigne l'affirmative : *verum est enim non esse solutam pecuniam* (2). *Igitur*, dit-il, en résumant les deux positions, *non tantùm retentio, sed etiam petitio pignoris nomine competit.*

La conclusion de cette loi a donné lieu à quelques difficultés : *remanet ergò propter pignus naturalis obligatio.* Cujas traduisant littéralement, écrit que l'obligation naturelle ne subsiste qu'à cause du gage ; ce qui fait dire à Pothier, *loc. cit.*, n° 132, n° 5, qu'il paraît absurde que l'obligation personnelle puisse subsister à raison du gage, accessoire de la dette. Aussi cette dernière phrase est-elle rejetée par certains auteurs comme une glose, sortie de la plume inepte d'un copiste. Le jurisconsulte a probablement voulu marquer que l'obligation naturelle a ici une valeur sérieuse, appréciable, qu'elle puise précisément dans une exécution possible grâce au *pignus*.

La loi 59 ne dit pas le dernier mot sur cette matière ; nous avons remarqué en l'expliquant, que le paiement

(1) Du reste, le jurisconsulte déclare expressément que la répétition serait interdite, s'il y avait eu paiement, et en l'absence du gage.

(2) Ce motif est l'application de cette règle qu'en général, le gage n'est libéré que par le paiement. (*Infrà*, L. 38, § 5, D. 46, 3).

fait même en l'absence d'un gage, serait valable, attendu qu'en équité le fidéicommissaire ne peut abriter, derrière la confusion qui s'est opérée, son refus d'indemniser le fiduciaire du préjudice que l'adition lui cause. Aussi, dans une hypothèse beaucoup plus favorable, celle où le fiduciaire fait adition volontaire, Marcellus n'hésite pas à lui accorder non-seulement le droit de rétention, mais le droit de pétition : *veluti si pecuniam ei debuerit defunctus, quam retinere maluit quam* PETERE. (L. 44. D. *ad Sen. Trebell.* 36. 1.) Ce qui n'a pas lieu de surprendre, puisque celui qui le pouvant, n'use point de la faculté de compenser, est fondé à exercer la *condictio indebiti.* (L. 10, § 1, D. *De compens.* 16. 2); et, dans l'espèce le fiduciaire a restitué en trop ce qu'il aurait dû défalquer, comme lui étant dû.

— Il nous reste maintenant peu de choses à dire touchant le cas où le débiteur succède au créancier. La même cause produisant les mêmes effets, la dette s'éteint par confusion. *Intelligitur major hereditas ad debitorem pervenire, quasi solutâ pecuniâ, quæ debebatur hereditati ; et per hoc minùs in bonis hæredis esse.* (L. 41, § 2. D. *De evict,* lib. 21. 2. *Conf.* L. 1, §18, D. *Ad leg. Falcid.* D. 35, 2 ; l. 75, 95, § 2, D. *De solut.* 46, 3 ; l. 71, D. *De fidej.* 46, 1.)

Et ce n'est pas seulement l'obligation civile, mais encore l'obligation *naturelle* qui s'éteint quand le débiteur succède au créancier. Il y a ici même raison de décider que pour le cas inverse. Parmi les textes qui posent l'affirmative sur ce point, nous citerons la loi 38, pr. D. *De cond. indeb.* 12, 6. empruntée à Africain. Voici les faits :

De deux frères placés sous la puissance du même père

et ayant chacun un pécule profectice, l'un avait fait
un emprunt à l'autre. Après la mort du chef de famille,
l'emprunteur rembourse le prêteur. En cet état de choses, la question était de savoir si, par la *condictio indebiti*, le frère débiteur pouvait répéter ce qu'il avait
payé en trop. Le *mutuum* n'a engendré qu'une obligation naturelle, à raison de la *eadem potestas*, sous laquelle
se trouvent les deux contractants (1). Mais si l'emprunteur joue le rôle de débiteur, le rôle de créancier appartient au père des deux parties contractantes, puisque,
d'une part, le prêt a été fait avec les écus du pécule dont
il a abandonné l'administration à son fils, et que, d'autre
part, le chef de famille acquiert par ceux qui sont sous
sa puissance les créances naturelles aussi bien que les
créances civiles. (L. 13, C. *Famil. ercisc.* 3, 36 ; l. 12.
C. *De collat.* 6 20). L'emprunteur, s'il est héritier de
son père, se trouvera donc en même temps débiteur et
créancier jusqu'à concurrence de sa part héréditaire ;
dans cette limite, son obligation naturelle s'éteindra.
C'est pourquoi, s'il a payé au-delà de la moitié, on lui
accordera sans difficulté le droit de répétition (*utique*).
— Quant aux effets de la confusion, il est facile de les
déduire, puisqu'ils sont le résultat de la force des choses. Pour les étudier, nous distinguerons le cas de
confusion totale et le cas de confusion partielle.

La confusion totale se produit quand l'unique
débiteur succède à l'unique créancier, ou réciproquement. Non-seulement la personne en qui elle s'opère

(1) Africain la qualifie formellement de la sorte : *naturalem
obligationem quæ fuisset.*

est exonérée ; mais avec elle sont libérés tous les accessoires engagés, comme s'il y avait eu paiement. *Et puto aditione hereditatis, confusione obligationis eximi personam : sed et accessiones ex ejus personâ liberari propter illam rationem, quia non possunt pro eodem apud eumdem obligati esse.* (Paul, l. 71. D. de fidej. 46, 1). Et là loi 21, § 3, au même titre, porte : *Quod si stipulator reum hæredem instituerit, OMNIMODÒ fidejussoris obligationem peremit, sive civilis, sive tantùm NATURALIS in reum fuisset; quoniam quidem nemo potest apud eumdem pro ipso esse obligatus.* Double application de cette maxime : *nulla obligatio sine personâ obligatâ.*

Dans le même ordre d'idées, Julien pense que, si on a institué un fils de famille qui avait fourni un fidéjusseur, l'adition d'hérédité ayant été faite *jussu patris*, ce dernier ne peut agir contre le fidéjusseur ; et il pose en principe que les fidéjusseurs sont libérés, quand celui qui doit la caution succède à celui qui la reçoit : *Quia pro eodem apud eumdem debere non possunt,* (L. 34, § 8, D. de solut. 43, 6, 3).

Mais si le débiteur ou le créancier ne succède à la partie adverse qu'en concours avec d'autres personnes, la confusion ne s'opère que dans la limite de la portion héréditaire ; elle subsiste pour le surplus contre les cohéritiers. Quant aux fidéjusseurs ou *mandatores*, ils ne sont libérés que dans la même proportion.

La loi 50, D. *de fidej.*, nous donne un exemple de confusion partielle.

Dans l'espèce, le créancier et le fidéjusseur recueillent la succession du débiteur. Pour la part revenant au créancier, le jurisconsulte nous dit très-bien que l'obligation s'éteint *ratione confusionis, aut, quod est verius, solutionis potestate*, le créancier devenant débiteur de cette fraction, personne n'en reste plus tenu, ni principalement, ni accessoirement. *Sed pro parte coheredis*, ajoute-t-il, *obligatio salva est*, *non fidejussoria*, *sed hereditaria*; *quoniam major tollit minorem*. Il en serait différemment si, soit le débiteur, soit le fidéjusseur, avaient donné un gage. (V. *suprà*, l. 55, D. 36, 1, et *infrà*, l. 38, § 5, D. 46, 3, § fidéjusseur.) — On peut citer dans le même sens la loi 6, au Code, *de hereditar. act.* 4, 16.

II.

Le débiteur succède au fidéjusseur, ou le fidéjusseur au débiteur.

En principe les qualités de débiteur et de fidéjusseur venant à se réunir par addition d'hérédité, l'obligation accessoire disparaît, absorbée dans l'obligation principale, *quoniam major tollit minorem*. Dans ce cas, le fidéjusseur est libéré en tant que débiteur accessoire ; mais devenu héritier du débiteur principal, il en prend la place passivement comme activement, en sorte qu'il peut arguer des moyens de libération que pouvait invoquer le défunt. Nous verrons cependant que ce dernier point souffre exception. A l'inverse, le débiteur héritier du fidéjusseur reste désormais seul dans les liens de l'obligation.

Tel est l'aperçu général de la situation ; parcourons-en les détails.

Nous disons d'abord que le fidéjusseur succédant au débiteur principal, voie son obligation s'eteindre; mais qu'il devient à son tour débiteur principal. Le motif en est que deux obligations, dont l'une est principale et l'autre accessoire, ne pouvant subsister sur la même tête, *quoniam quidem nemo potest apud eumdem pro ipso esse obligatus* (L. 21, § 3. D. *De fidej.* 46. 1), la première doit nécessairement absorber la seconde, n'étant pas possible que le fidéjusseur demeure seul lié, tandis qu'on conçoit fort bien l'obligation principale sans l'obligation accessoire. Le créancier n'aurait, d'ailleurs, que rarement intérêt à ce que l'on considérât les deux qualités comme continuant d'exister.

Les textes suivants posent cette règle, en expriment les motifs, en montrent l'intérêt pratique.

Ulpien, citant un passage de Julien, s'exprime ainsi : *Generaliter Julianus ait eum qui heres extitit ei pro quo intervenerat, liberari* EX CAUSA ACCESSIONIS, *et solummodò quasi heredem rei teneri. Denique scripsit, si fidejussor heres extiterit ei, pro quo fidejussit, quasi reum obligatum ex causâ fidejussionis liberari.* (L. 5. D. *De fidej.* 46. 1.) Et dans le § 2, loi 93, D. *De solut.* (46. 3), Scévola, après avoir dit que, si le débiteur institue héritier son fidéjusseur, il y a confusion, ajoute : *Et quasi generale quid retinendum est, ut ubi ei obligationi, quæ sequelæ locum obtinet, principalis accedit, confusa sit obligatio.* Enfin le § 3, même loi, porte : *Quid ergò est si fidejussor reum heredem scripserit? Confunditur obligatio secundùm Sabini sententiam, licet Proculus dissentiat.*

Cette dernière loi nécessite deux observations : d'abord, à ne consulter que la leçon Florentine, on

est conduit à décider que, dans l'hypothèse prévue par
le § précédent, il n'y a pas confusion : on y lit, en effet, *non
confunditur*. Mais évidemment, ainsi que nous l'expli-
querons plus loin, le *non* a été déplacé et doit être
rétabli dans le § 1er où il fait défaut (*Conf.* Doneau,
lib. 16, C. 14 ; Cujas, lib. 11 *observat.* ; Ant. Favre,
lib. 8 *Conject.*, C. 14.) — La seconde remarque porte
sur le fond : il semble que Proculus distinguait suivant
que c'était le débiteur principal qui laissait le fidéjusseur pour héritier, ou que c'était le fidéjusseur qui
transmettait son hérédité au débiteur, pour admettre
ou rejeter la confusion. Mais il est difficile de trouver
le motif de la distinction de Proculus, puisque, dans
un cas comme dans l'autre, il répugne autant d'admettre la coexistence survenue *ex post facto*, des
obligations principales et fidéjussoires dans la même
personne, que de supposer, dès le principe, une personne se portant caution pour elle-même. Cette doctrine est notamment adoptée par Julien, qui, dans la
loi 14, D. *De fidej.* (46. 1), dit positivement que, si le
débiteur principal devient l'héritier de son fidéjusseur,
l'*obligatio fidejussoria* s'évanouit. (Voyez aussi Africain,
l. 21, § 2, *eod. tit.*)

Quant à l'intérêt pratique de cette décision, Julien
nous l'indique dans la loi 14 précitée : si, en effet, le
fidéjusseur est poursuivi comme débiteur, il ne peut
opposer l'exception tirée d'un pacte que lui, en sa seule
qualité de caution, aurait fait avec le créancier pour
qui ne lui fût rien demandé. Et dans le cas où il pré-
tendrait user de ce moyen de défense, il se verrait
arrêté par une *replicatio in factum*, dans laquelle le
créancier exposera que le défendeur poursuivi non

comme fidéjusseur, mais comme débiteur principal, invoque mal-à-propos une exception qui ne lui compète point en cette qualité. Le créancier aura aussi la faculté de recourir à la *replicatio doli mali*, car il y a dol de la part du fidéjusseur à se servir d'un moyen de défense qui n'est plus à son usage.

Dans le même ordre d'idées, indiquons un autre effet de l'adition d'hérédité qui est de rendre toute son énergie à une obligation civile privée d'efficacité, *inanis*, par l'exception qui peut lui être opposée, en écartant cette cause de paralysie. Cette règle nous est donnée par la troisième phrase du § 2, loi 95, D. *De solut.*, qui en fait l'application à deux hypothèses.

1° Un héritier, chargé de rendre l'hérédité à un fidéicommissaire, restitue l'hérédité d'après le S. C. Trébellien, et devient ensuite lui-même héritier du fidéicommissaire. Avant cet événement, le fiduciaire, tout en conservant la qualité d'héritier, pouvait repousser et rendre inefficaces les actions dirigées contre lui par les créanciers, à l'aide d'une exception *restitutæ hereditatis* (l. 27, § 7. *Ad S. C. Trebell.* D. 36. 1.) Ceux-ci n'avaient donc qu'une action *inanis*. Mais le fiduciaire venant à succéder au fidéicommissaire, *qui jure tenebatur*, pourra être poursuivi, sans qu'il lui soit permis d'opposer aux créanciers l'exception *restitutæ hereditatis*, puisqu'il est aujourd'hui aux lieu et place du fidéicommissaire.

2° Une femme avait libéré par expromission un tiers, Titius. L'obligation par elle contractée n'était point nulle *jure civili*, mais les poursuites du créancier pouvaient être repoussées par l'exception du S. C. Velléien, qui défend aux femmes de s'obliger pour autrui. Cette femme devient héritière de Titius : elle peut alors être poursuivie, soit par l'action directe, *proprio nomine*, comme tenue par sa promesse, soit par l'action *utilis* ou *restitutoria* (1) au nom du débiteur dont elle prend la place et *qui jure tenebatur*. Aussi Ulpien dit-il avec raison : *Nihil ejus interest, quâ actione conveniatur* (l. 8, § 13. D. *Ad S. C. Vell.* 16. 1.) On avait pensé que le motif, pour lequel le Sénat venait en aide à la faiblesse et à l'inexpérience des femmes, qui souffrent un dommage pour autrui, ne devait pas recevoir d'application quand c'est pour elles-mêmes qu'elles courent ce risque. *Etenim inconditum est subvenire sexui mulieris, quæ suo nomine periclitatur*, écrit Papinien. — Si, au lieu de s'engager comme *expromissor*, la femme s'était portée fidéjusseur (*Adpromissor*), loin de dire que par la confusion qui s'opère son obligation est confirmée, le jurisconsulte la déclarerait éteinte comme *minus plenior*, conformément à la doctrine exposée plus haut, et aux textes sur la matière. La femme ne serait plus tenue que comme héritière du débiteur principal.

Quel est maintenant l'effet de l'adition de l'hérédité, quand le fidéjusseur auquel vient succéder le *reus*, a lui-même fourni un sous-fidéjusseur (qu'on appelle, en Droit français, certificateur de caution,) pour la garantie de son obligation ? La confusion qui s'ensuit laisse-t-elle subsister la sous-fidéjussion, ou en entraîne-t-elle la ruine ? Ce dernier parti fut suivi par les jurisconsultes romains. Ils pensèrent que, l'obligation du fidéjusseur éteinte, celle du sous-fidéjusseur man-

_____

(1) Les actions restitutoires sont celles par lesquelles le préteur restitue au créancier son action primitive contre l'ancien débiteur.

quait de base. (L. 27, § 4. D. *De fidej.* 46, 1.) En examinant la décision contraire, admise en semblable cas par l'art. 2035 du Code Nap., nous aurons à critiquer la solution romaine, qui de prime abord peut sembler très logique.

Remarquons cependant que, si, au lieu d'un sous-fidéjusseur, le fidéjusseur avait donné un *pignus*, malgré l'anéantissement de l'obligation fidéjussoire, on admettait la subsistance de l'hypothèque. (L. 38, § 5. *De solut.*, 46, 3.)

Voici, du reste, le § 5 tout entier, emprunté au livre 7 des questions d'Africain : *Qui pro te apud Titium fidejusserat, pignus in suam obligationem dedit; post idem heredem te instituit. Quamvis ex fidejussoris causâ non tenearis, nihilominus tamen pignus obligatum manebit. at si idem alium fidejussorem dederit, atque ità heredem te instituerit, Neratius existimari ait, sublatâ obligatione ejus, pro quo fidejussum sit, eum quoque, qui fidejusserit, liberari.* --- Il faut bien avouer que cette distinction a quelque chose de contradictoire ; aussi Papinien convient-il qu'elle n'a pour elle que la *ratio juris* (l. 3, pr. *de separat.*). La meilleure explication qu'on en puisse donner, c'est peut-être que la *fidejussio* était régie par les principes rigoureux du droit civil, tandis que l'hypothèque était soumise aux principes beaucoup plus larges du droit prétorien. Pénétré de l'effet désastreux que pouvait avoir, pour les droits du créancier, la réunion sur la même tête de la qualité de débiteur principal et celle de débiteur accessoire, ce droit n'admettait la libération du gage qu'autant que la dette à laquelle il était affecté, était éteinte complètement et sous tous les rapports, soit par le paiement, soit de toute autre

manière (l. 43, D. *De solut.* 46, 3 ; l. 6, D. *Quib. mod.*
pig. 20, 6 ; l. 9, § 3 D. *De pign. act.* 13, 7; l. 11, § 5,
D. *eod.*; l. 4, C. *De distr. pign.* 8, 28 ; l. 3, C. *De licit.*
pign. 4, 3. Voyez aussi l'ellat sur Schilling).

Au surplus, chez les Romains comme chez nous, rien
n'empêche une personne et son patrimoine d'être engagés
pour la même chose : *quotidianum est*, dit Voët. Car, si
nul ne peut être sa propre caution, tout le monde peut
cependant affecter un gage à son obligation (l. 5, § 2,
D. *In quib. caus. pign.* 20, 2). Ces motifs suffisent à
expliquer la survivance du *pignus.*

Mais la règle suivant laquelle la *fidejussoria obligatio*
s'éteint, quand le débiteur succède au fidéjusseur ou
réciproquement, cette règle reçoit des restrictions, des
tempéraments. Elle n'est vraie, au dire de Papinien,
qu'autant que l'obligation principale est de qualité au
moins égale à celle de l'obligation accessoire (*plenior*);
que si cette dernière est d'une valeur supérieure, loin
de nuire au créancier, l'addition d'hérédité donnera
une nouvelle force à son action. *Quod vulgò jacta-
tur, fidejussorem, qui debitori heres extitit, ex causâ
fidejussionis liberari, toticns verum est quotiens rei
plenior promittendi obligatio invenitur* (1). (Papinien,

---

(1) Suite de ce paragraphe : *Nam si reus duntaxat naturâ
fuit obligatus, fidejussor non liberabitur : è contrario non
potest dici, non tolli fidejussoris obligationem, si debitor ha-
buit propriam et personalem defensionem. Nam si minori 25
annis bonœ fidei pecuniam credidit, isque nummos acceptos
perdidit, et intra tempora in integrum restitutionis decessit
herede fidejussore : difficile est dicere causam juris honorarii
quœ potuit auxilio minori esse, retinere fidejussoris obligatio-*

§ 3, 1. 95 ; D. *De solut.* 46, 3). Ainsi, à l'occasion
d'une dette naturelle, une caution s'est obligée civilement : le débiteur hérite de la caution, ou réciproquement. L'obligation principale étant moins puissante,
moins efficace que l'obligation accessoire, la confusion,
si elle est admise, aura pour conséquence de désarmer
le créancier, précisément dans un cas où le cautionnement n'était intervenu que pour parer au défaut de
vigueur du lien principal. Ce résultat, si contraire à
l'équité ainsi qu'à l'intention des parties, explique suffi-
samment les efforts faits par les juristes pour détruire
les effets de la confusion, et surtout l'application des
principes suivant lesquels nul ne peut être caution pour
soi-même (Voyez M. Massol, *de l'Oblig. nat.*, p. 85 et
la fin du § 3).

On admit donc la coexistence des obligations principales et accessoires. C'est en ce sens qu'il faut entendre
le fragment du § 3 que nous venons de citer, et qui
paraît avoir subi des altérations. D'une part, l'édition
de Florence porte : *Nam si reus duntaxat fuit obligatus,
fidejussor liberabitur ;* d'après quoi, le sens serait que,
si le débiteur principal est véritablement obligé, le fidéjusseur est libéré. D'autre part, les Basiliques para-
phrasent ainsi ce texte : *Nam si reus* NATURA *duntaxat
fuit obligatus,* NON *tollitur fidejussoris obligatio.* Cette
double correction, adoptée par Cujas, Doneau, Pothier,
Favre, Godefroy, Voët et les plus autorisés des inter-

nem, quœ principalis fuit, et cui fidejussoris accessit sine contemplatione juris Prætorii. Auxilium igitur restitutionis
fidejussori, qui adolescenti heres extitit, intrà constitutum
tempus salvum erit.

prêtes modernes, se justifie aisément. Papinien pose
d'abord la restriction à la règle qu'il vient d'indiquer,
et il en fait une application immédiate, ce qui résulte
du mot *nam*; il suppose le débiteur principal tenu seulement *naturâ*; son obligation dépourvue d'action, *minus
plenior*, et il conclut qu'en pareil cas le fidéjusseur reste
obligé à ce titre, malgré la confusion. Les expressions
è contrario par lesquelles commence la phrase suivante,
mettent de plus fort en relief la différence entre les deux
hypothèses prévues par le jurisconsulte, d'autant mieux
que, dans le second cas, l'extinction de la fidéjussion
est reconnue ; ce qui rend indispensable la restitution
proposée. Enfin, la même solution nous est donnée par
le jurisconsulte Africain, dans une espèce semblable,
qui fait l'objet du § 2, loi 21, D. *De fidej.* 46, 1, quand
il décide que les deux obligations, principale et accessoire, subsistent avec leur caractère propre dans la
personne du débiteur, héritier de la caution, ou réciproquement.

Voici les faits prévus : — Un esclave avait emprunté
de l'argent; on sait qu'à suite d'un *mutuum* il est
obligé naturellement, et qu'il engage son maître, d'après
le droit prétorien, jusqu'à concurrence du pécule. Après
son affranchissement, il se porte fidéjusseur envers le
préteur. Est-il tenu? Africain établit une distinction,
d'après laquelle cette fidéjussion est efficace ou non,
suivant qu'elle se référera à l'obligation dont le maître
est tenu *de peculio intrà annum*, ou qu'elle a trait à
l'obligation naturelle qui compte déjà le fidéjusseur
comme *reus*. Dans ce dernier cas l'opération est non-
avenue, *non enim intelligi posse ut quis pro se fidejubendo
obligetur.* — Si maintenant un tiers s'est porté fidéjus-

seur de l'esclave affranchi, et que ce dernier devienne héritier du premier, ou *vice versâ*, l'obligation civile accessoire et l'obligation naturelle
principale subsisteront sans confusion l'une à côté de
l'autre. Le jurisconsulte a bien soin de faire remarquer
que ces décisions ne sont nullement contraires à cette
thèse, que la fidéjussion s'éteint par succession du débiteur principal au fidéjusseur, puisqu'elle ne reçoit son
application qu'autant que l'obligation du *reus* est elle-
même *plenior*.

Quant à l'avantage que le créancier peut retirer de
la persistance de l'obligation naturelle, il consiste en
ce que, l'obligation civile venant à s'éteindre, ce qui
aurait été payé après cette extinction ne pourrait être
répété.

Le motif qui, dans la pensée d'Africain, peut amener
la disparition du lien civil, est l'objet des controverses
des docteurs. Cujas (*Tractat. ad African.*, t. 1, col.
1418), pense qu'il s'agit d'une fidéjussion contractée
ad tempus. Mais on répond que la fidéjussion était per-
pétuelle de sa nature, et que, d'ailleurs, l'expiration
d'un délai ne pouvait faire perdre à un engagement sa
force obligatoire (§ 3, Inst. *De verb. oblig.* 3-15). Il est
vrai de remarquer que l'obligation fidéjussoire, si elle
ne s'éteint pas *ipso jure*, s'éteint du moins *exceptionis
ope*. C'est probablement là ce qu'a voulu dire Cujas.
M. Pellat qui penche vers cette opinion, en a cherché
une explication analogue dans les Commentaires de
Gaïus : d'après ce savant romaniste, Africain ferait allusion aux *sponsores* ou *fidepromissores*, dont l'obligation
s'éteignait *ipso jure* au bout de deux ans, grâce à la loi
Furia, qui n'avait force qu'en Italie (Gaïus, III, 121).

Mais M. Machelard (*op. cit.*, p. 178) regarde cette opinion comme hasardée. A son avis, un esclave ne pouvant s'obliger *verbis*, l'accession d'un *sponsor* ou d'un *fidepromissor* n'était pas possible, à moins qu'on ne rangeât Africain au nombre des jurisconsultes qui permettaient à l'esclave l'emploi de la formule : *spondeo* (Gaïus, III, 119). L'éminent professeur pense donc que l'obligation civile a pu disparaître par un vice de procédure, et notamment par la plus-pétition ou la péremption d'instance, tout en laissant subsister l'obligation naturelle, qui explique la validité du paiement.

Mais revenons à l'explication de notre § 3, loi 95. Un mineur de 25 ans avait emprunté de l'argent à quelqu'un qui agissait *bonæ fidei*, c'est-à-dire dans l'ignorance du mauvais emploi qu'il en voulait faire.

L'emprunteur dissipe ces fonds ; puis il meurt dans le délai de la *restitutio in integrum*, laissant pour héritier son fidéjusseur. Ce dernier restera-t-il tenu comme fidéjusseur, ou lui sera-t-il permis, en sa qualité d'héritier, d'invoquer la restitution, *propriam et personalem defensionem*, qui compétait au débiteur, échappant ainsi, à raison de la confusion, à l'obligation fidéjussoire ? La question de savoir si le bénéfice de la *restitutio in integrum* concédé au mineur s'étend aux fidéjusseurs, ne comporte pas de solution absolue : elle ne peut être tranchée qu'à l'aide de distinctions, ainsi que l'indique le jurisconsulte.

Si le fidéjusseur est intervenu *sine contemplatione juris prætorii*, c'est-à-dire pour assurer purement et simplement la solvabilité du débiteur, mais non dans le but spécial de procurer au créancier une garantie contre les suites de la restitution en entier, rien n'est plus équitable que de lui permettre d'opposer l'exception tirée de la minorité. En effet, le préteur ayant donné son argent *bonæ fidei*, sans songer au mauvais usage qu'en pourrait faire le mineur, n'a pas prévu le danger qu'il courait de voir son action privée d'efficacité, et, par suite, il n'a pu avoir l'intention de se prémunir contre cette exception. Son attente ne sera donc pas trompée par l'annulation de l'obligation prononcée sur la poursuite du fidéjusseur, tandis qu'au contraire il ne serait point juste que la perte fût mise à la charge de ce dernier. *Auxilium igitur restitutionis fidejussori, qui adolescenti heres extitit, intrà constitutum tempus salvum erit* (1) (*h. l.*; l. 18, § 5, D. *De minor.* 4. 4; l. 6, D. *De in integr. restitut.* 4. 4; l. 7, C. *De temp. in integr.* 2. 53.) On pourrait objecter que, l'obligation du *reus* étant susceptible de rescision, attendu sa minorité, et ce moyen constituant pour lui une *defensio propria et personalis* (l. 7, § 1, *De except.* D. 4. 4.), l'obligation fidéjussoire semble, dans ce cas, *plenior* et devrait, par suite, subsister. Mais Papinien ne considère l'obligation du fidéjusseur que comme l'accessoire de celle du mineur, sur le motif déjà donné que la fidéjussion a eu lieu *sine contemplatione juris prætorii*. Par l'effet de l'adition, le fidéjusseur sera donc libéré de l'obligation,

---

(1) Cette décision de Papinien, quoique non douteuse au fond, est présentée d'une manière obscure. M. Pellat (*textes expliqués*, 1860) et M. Machelard, (*op. cit.*, p. 255), rapportent avec soin toutes les additions faites pous rendre ce texte clair. Quelle que soit la restitution adoptée, le sens est le même : obligation du mineur principale, absorbant l'obligation du fidéjusseur accessoire ; — faculté pour celui-ci d'opposer la restitution en entier.

dont il était tenu de son chef; mais, d'un autre côté, comme héritier du *reus*, investi à ce titre des prérogatives qui appartenaient à son auteur, il pourra invoquer le secours de la restitution, pourvu qu'il se pourvoie en temps utile (l. 7, C. 2, 53.)

Il en serait différemment dans le cas où le fidéjusseur serait intervenu pour donner au créancier la garantie que ne lui offrait pas l'obligation principale, à raison d'une rescision possible, *contemplatione juris prætorii*. On déciderait alors que le mineur étant tenu moins efficacement que le fidéjusseur, la confusion n'a pas libéré ce dernier, qui reste tenu à l'égard du créancier. Cette hypothèse rentre dans les termes de l'exception prévue par le paragraphe que nous examinons. Mais quel moyen aurait le poursuivant pour se garantir, dans l'espèce, de l'effet de la confusion? Voët (*Ad Pandect.*, tit. *De minorib.* n° 39), pense que le créancier pourrait employer avec succès l'*exceptio* ou la *replicatio doli* ou *in factum*. M. Pellat estime que le préteur devra simplement refuser d'accorder une restitution rendue illusoire par une actio *utilis* ou *restitutoria*, qu'il prévoit d'avance ne pouvoir se dispenser de donner (l. 50, D. 4, 4 ; l. unic. § 1, C. 2, 48).

Il semblerait résulter de ce paragraphe 3, loi 95, que si le débiteur principal peut obtenir du préteur le moyen d'échapper à son obligation, il conserve sa position antérieure en succédant au fidéjusseur non protégé par le même moyen ; il ne saurait donc être poursuivi comme fidéjusseur, bien que la *fidejussio* semble ici *plenior*. Cette opinion qui a été soutenue, nous semble trop contraire à la loi 21, § 2, D. *De fidej.*, expliquée plus haut, pour pouvoir être admise. Il nous paraît, au con-

traire, que les deux obligations coexistent avec leur
caractère propre dans la personne du débiteur, héritier
de la caution.

En résumé, si le débiteur d'une dette naturelle y a
fait accéder un fidéjusseur qui lui succède ensuite, la
fidéjussion permettant au créancier d'exercer son action,
continue à subsister, et réciproquement. D'où la règle
générale suivante : quand il y a réunion sur la même
tête d'une obligation civile et d'une obligation naturelle,
l'une et l'autre subsistent côte à côte, la première permet la poursuite, la seconde empêche ce qui a été payé
d'être répété comme indû.

Observons 1° que le créancier paralyserait l'effet de
la confusion entre fidéjusseur et débiteur, en demandant la séparation des patrimoines (l. 3, pr. *De separat.*
D. 42, 6); 2° que, si la confusion était partielle, les
règles posées ne recevraient leur application que pour
la part recueillie soit par le débiteur, soit par la caution.

III.

Le créancier succède au fidéjusseur, ou le fidéjusseur au
créancier.

Le créancier succédant au fidéjusseur, ou *vice versâ*,
qu'arrive-t-il? L'obligation du fidéjusseur s'éteint par
confusion, sans porter aucune atteinte à l'obligation
principale, puisque celle-ci peut très bien subsister

sans l'autre. On ne pourrait concevoir que l'adition de l'hérédité du fidéjusseur par le créancier équivalût à paiement et opérât la libération du débiteur, qu'en admettant que la caution doit garantie à ce dernier : énoncer une telle proposition, c'est la réfuter. Le débiteur principal demeure donc seul obligé. — Il en serait de même si, au lieu d'un fidéjusseur, c'était un *mandator pecuniæ credendæ* qui avait garanti la dette. Outre les lois 71, pr., *in fine*, D. *De fidej.* 46, 1, et 43, *De solut.* 46. 3, nous citerons dans le même sens, le § 3 de la loi 24, D. 46, 1, ainsi conçu : *Quod si idem stipulator fidejussorem heredem scripserit, procul dubio solam fidejussoris obligationem peremit. Argumentum rei : quod si possessio rerum debitoris data sit creditori, æque dicendum est fidejussorem manere obligatum.*

Le motif sur lequel repose cette décision a besoin d'être expliqué. Pothier l'interprète comme si le jurisconsulte disait : « Il n'est pas étonnant que le répondant libéré, le débiteur reste obligé ; car, qui plus est, il arrive quelquefois que le débiteur est libéré par exception, et que le répondant demeure obligé, comme lorsque le créancier envoyé en possession de ses biens les a vendus en vertu d'un édit, ou lorsque le débiteur ayant fait cession de biens, est libéré par exception, et laisse son répondant obligé, pour ce que le créancier n'a pu retirer de ses biens. Mais comment peut-on dire que le répondant demeure obligé puisqu'il est constant, d'après le droit des Pandectes, que, le débiteur actionné, les répondants sont libérés ? Peut-être le créancier n'avait pas actionné le débiteur, et celui-ci avait fait cession de biens pour n'être pas actionné. » (*Ad. Pandect.* tit. 46. 3, n° 120, note. *Conf.* Inst. § 4, *de replicat.*, § 40, 4. 0; Ulp. l. 6. D. 42. 3.)

IV.

L'un des débiteurs corrées succède au créancier, ou réci-
   proquement. — L'un des correi credendi au débiteur,
   ou vice versâ.

Ces divers cas recevant la même solution, il nous a
paru convenable de les traiter ensemble.

Nous constaterons, dès le début, que l'obligation ne
s'éteint point ici par la confusion, mais que l'effet de
l'adition est uniquement d'exonérer le débiteur, en
identifiant sa personne avec celle du créancier, et, par
suite, de dégager les accessoires fournis par lui ; mais
l'obligation continue à subsister, pour le surplus, ou
même pour le tout, selon la distinction que nous ferons
plus bas, soit contre les autres débiteurs, soit au profit
des autres créanciers. Ainsi, j'ai stipulé une somme
d'argent de *Primus* et *Secundus* ; ils m'ont donné chacun
un fidéjusseur. Je deviens héritier de *Primus*, il est
libéré et avec lui, son fidéjusseur, *quia non potest quis
pro eodem apud eumdem obligatus esse* (voy. *suprà*). Mais
je pourrais actionner *Secundus* et sa caution : dans
quelles limites? Voir plus bas.

Voici, du reste, notre hypothèse prévue par Paul :
*Sed cùm duo rei promittendi sint, et alter heres extitit
creditori, justa dubitatio est, utrùm alter quoque liberatus
est, ac si soluta fuisset pecunia, an persona tantùm
exempta, confusâ obligatione? Et puto aditione hereditatis,
confusione obligationis eximi personam... Igitur alterum*

4

reum ejusdem pecuniæ non liberari, et per hoc nec fide-jussorem vel mandatorem ejus. Après s'être posé la question de savoir ce qui arrive quand le créancier succède à l'un des *rei promittendi*, le jurisconsulte, avant de la résoudre, convient qu'il existe de sérieux motifs de douter si les *correi* sont l'un et l'autre libérés, ou si la confusion n'a eu d'autre effet que l'affranchissement de la personne à laquelle succède le créancier. Pour prétendre qu'il y a extinction pure et simple de la dette, on peut raisonner ainsi : les lois 21, § 1, D. *De liberat. leg.* (34-3), et 75, D. *De fidej* (46-1), assimilent la confusion au paiement; or, le paiement fait par l'un des corréès libère les autres (Inst. § 2 *De duob. re.,* 3, 16 et l. 2, D. *eod. tit.* 46. 2) ; donc, la confusion éteint complètement la dette. Ce raisonnement serait fort juste, si on devait prendre dans leur sens absolu les textes sur lesquels il s'appuie : nous avons déjà vu ce qu'il en fallait penser. Aussi Paul se garde bien de tirer une conséquence rigoureuse de prémisses aussi peu fermes. On peut ajouter que l'obligation corréale, *une objectivement, multiple subjectivement,* n'est atteinte dans son existence que par les modes qui affectent le lien lui-même, tels que paiement, acceptation, novation, mais que la disparition de l'un des débiteurs la laisse intacte (V. Inst. et D. *de duob. reis*). Au débiteur venant lui dire : « Vous êtes censé vous être payé la dette de mon codébiteur dont vous recueillez l'hérédité, et, par suite, ma dette est éteinte ; » le créancier pourra donc répondre : « les codébiteurs ne sont, en réalité, que des débiteurs sous une condition alternative, au choix du créancier : c'est cette élection qui détermine lequel a été le véritable débiteur. Le droit que j'avais de choisir mon débiteur définitif, je l'exerce aujourd'hui et c'est sur vous que je fixe mon choix, par suite duquel votre codébiteur défunt est censé ne m'avoir jamais rien dû.» Par ces motifs, Paul décide que la confusion dégage simplement la personne dont les droits viennent se confondre avec ceux du créancier, et avec elle ses garanties, l'autre débiteur restant tenu, ainsi que son fidéjusseur. — Mais ce dernier paralysera aisément la poursuite dirigée contre lui : si, en effet (reprenant l'exemple ci-dessus), héritier de Primus que je libère, ainsi que son fidéjusseur, je dirige ma poursuite contre Titius, fidéjusseur ou *mandator* de Secundus, il me répondra : celui qui se porte caution a une action *mandati contraria*, pour obtenir le remboursement de ce qu'il a payé au créancier, à la décharge des débiteurs. Vous ne pouvez ignorer que ce que vous obtiendrez de moi par l'action *ex stipulatu*, ou l'action de mandat, je puis immédiatement vous le redemander par l'action *mandati contraria*, puisque vous avez succédé à l'obligation de m'indemniser contractée par Primus. Je vous oppose donc l'exception de dol, car *dolo facit qui petit quod statim redditurus est* (Paul, l. 8, pr. *De doli mali et met. exc.* D. 44, 4, et l. 173, § 3. *De reg. jur.* D. 50-17). Il y a là une sorte de compensation.

Mais dans quelle limite le créancier pourra-t-il poursuivre l'autre débiteur? Le jurisconsulte distingue : si les *rei promittendi* étaient associés (*socii*), le créancier devenu héritier de l'un d'eux, ne pouvait poursuivre les autres que déduction faite de la part qu'il devait lui-même supporter dans la dette. En n'opérant pas cette déduction, il s'exposait à voir sa demande repoussée par l'exception de dol. En effet, le codébiteur du

défunt, actionné *in solidum*, pouvait lui répondre :
« Par suite de la société qui a existé entre le défunt,
votre auteur, et moi, celui-ci eût été obligé de me rembourser sa part de dette que j'aurais payée ; comme
succédant à ses obligations (l. 3, § 2, *pro socio*. D. 17, 2),
vous commettez un dol en me demandant toute la dette,
puisque, si je vous la payais, vous seriez obligé de me
rendre immédiatement la part tombant à la charge de
mon codébiteur défunt. » (*Conf.* art. 1209 et 1801,
C. N.). En supposant des débiteurs simplement solidaires, il faut toujours donner cette dernière décision, lors
même qu'il n'y aurait pas société. — Si, au contraire,
les *correi promittendi* n'étaient pas *socii*, le créancier ne
trouvant dans la succession de Primus aucune obligation de garantie envers Secundus, peut actionner ce
dernier pour la totalité, sans qu'il soit fondé à se plain-
dre : on s'en tient rigoureusement à l'idée que le rapport entre le créancier et l'un des corrées de promesse
est le même que si ce *reus* avait seul contracté l'obligation. *Cum altero autem reo vel in solidum, si non fuerit
societas, vel in partem, si socii fuerint, posse creditorem
agere* (l. 71, précitée). Mêmes solutions si, au lieu de
supposer le créancier succédant à l'un des débiteurs,
c'est l'un des *correi promittendi* qui hérite du créancier,
ou bien encore (hypothèse de la loi 71), quand le fisc
s'est emparé à la fois des biens des créanciers et des
biens de l'un des débiteurs corrées.

Ces principes reçoivent leur application au cas de
confusion partielle : le calcul est seulement un peu plus
compliqué. Prenons un exemple : Primus, Secundus et
Tertius sont débiteurs solidaires d'une somme de 30
envers Mévius : il existe entre eux une société. Primus

meurt laissant pour héritiers Quartus et le créancier Mévius. Celui-ci a deux partis à prendre : 1° il peut, en sa qualité de créancier de la dette solidaire, en demander la moitié, c'est-à-dire 15, à son cohéritier Quartus ; puis, par l'action *pro socio*, en sa qualité d'héritier de Primus, demander à chacun des anciens codébiteurs de celui-ci la moitié du tiers, qu'ils doivent respectivement supporter dans la dette, dont lui, Mévius, est censé s'être personnellement payé la même part : il obtiendra ainsi de chacun la moitié de dix, c'est-à-dire cinq. En résumé, la confusion aura, dans l'espèce, éteint la dette pour cinq, c'est-à-dire pour un sixième. Cette multiplicité d'actions ne présentera d'avantage au créancier que dans le cas très rare où les codébiteurs de celui auquel il a succédé, seront hors d'état de payer l'intégralité, soit de la dette, soit de la part tombant à leur charge ; 2° Mévius peut encore, et ce sera presque toujours le parti le plus avantageux, actionner Secundus ou Tertius pour la totalité de la dette, déduction faite de la part qu'il en doit supporter comme héritier pour moitié de Primus. Dans l'espèce, le tiers tombant à la charge de Primus est de dix, dont la moitié que doit supporter Mévius est de cinq. Il pourra donc réclamer vingt-cinq à Secundus ou à Tertius.

Si maintenant nous supposons que l'un des codébiteurs associés a succédé au créancier, il faudra distinguer s'il actionne ces codébiteurs avant ou après le partage de l'hérédité par l'action *familiæ erciscundæ*.

Dans le premier cas, il ne peut agir contre celui de ses codébiteurs qu'il actionne, que pour sa part dans la créance du défunt, et déduction faite de la part qu'il doit

— 54 —

supporter dans la dette corréale ou solidaire. Prenons pour exemple l'espèce proposée ci-dessus, et supposons que Primus a succédé avec Quartus au créancier Mévius. Primus n'étant héritier que pour moitié, n'aurait pu actionner Secundus ou Tertius, ses codébiteurs que pour la moitié de la dette solidaire de 30, soit 15; mais codébiteur de Secundus et Tertius, il doit supporter un tiers de la dette, 10. Par conséquent, dans l'espèce, il ne pourra poursuivre Secundus ou Tertius que déduction faite du tiers de la moitié de créance dont il a hérité, c'est-à-dire pour 10; car en exigeant les 15 de l'un d'eux, il s'exposerait à voir sa demande repoussée par l'exception de dol (L. 8. D. *De Doli mali et except.* D. 44. 4.) Si Quartus, cohéritier de Primus, demandait à Secundus ou à Tertius la moitié de créance dont il a hérité, celui des deux qui le paierait pourrait à son tour réclamer le tiers, soit 5, à Primus.

Venons au cas où Primus n'actionne l'un de ses codébiteurs qu'après le partage de l'hérédité de Mévius : le juge de l'action *familiæ erciscundæ* lui ayant attribué le total de la créance du défunt, il pourra actionner Secundus ou Tertius pour toute la dette, déduction faite du tiers qu'il doit en supporter, c'est-à-dire pour 20. Mais sur cette somme il devra rembourser 15 à Quartus, qui lui dira : « Vous êtes censé avoir reçu la totalité de la créance de 30, qui appartenait au créancier Mévius, partie en votre nom, partie comme mon mandataire. Restituez-moi la moitié de cette somme, c'est-à-dire 15. » (L. 3. D. *Famil. ercisc.* 10. 2.)

Que si, dans ces diverses hypothèses, il n'y avait pas société entre les débiteurs, on peut dire qu'abstraction faite du bénéfice *cedendarum actionum*, la confusion ne s'étant pas opérée, rien n'empêche le débiteur devenu héritier, de poursuivre intégralement la part qu'il a recueillie, que le paiement ainsi fait ne donnera lieu à aucun recours contre lui ; lorsqu'en effet, il n'y a pas société entre les codébiteurs, la dette est due pour le tout sous une alternative par chacun d'eux, et celui qui paie fait, non l'affaire des autres, mais la sienne propre, le créancier ou son représentant (ici le débiteur devenu héritier) fixant par son choix celui qui était seul tenu de la dette.

Quid si la confusion s'opère entre le débiteur commun et l'un de plusieurs *rei stipulandi?* L'absence de textes touchant la corréalité active permet de penser qu'en Droit Romain comme en Droit Français, la corréalité ou solidarité entre créanciers était fort rare, précisément parce qu'elle ne présentait pas l'utilité qu'offre la corréalité entre débiteurs. (Voyez M. Demangeat ; *de l'oblig. corréale*). Il y aurait lieu toutefois à l'application des mêmes principes.

V.

Le fidéjusseur succède à l'un des rei promittendi, *à l'un des* stipulandi rei, *ou à l'inverse.*

Dans l'espèce, en supposant que le fidéjusseur succède à l'un des *rei promittendi*, il reste tenu pour l'autre. *Cùm tu et Titius ejusdem pecuniæ rei essetis, eum qui pro te fidejussit, posse et pro Titio fidejubere respondit : quamvis eamdem pecuniam eidem debiturus sit. Nec tamen inanem eam creditori fore : nonnullis enim casibus emolumentum habituram ; veluti si ei pro quo antè fidejussisset, heres existat; tunc enim confusâ primâ obligatione, posteriorem duraturam.* (Africain, l. 21, § 4. D. de fidej. 46. 1.)

Cette loi contient deux propositions, elle suppose d'abord résolue, dans le sens de l'affirmative, une question qui aurait pu être décidée en sens contraire, en vertu de la règle *non plus in accessione potest esse quam in principali re* ; à savoir qu'un fidéjusseur peut valablement intervenir pour deux *rei promittendi*. (Conf. l. 40, *eod. tit.*) — En second lieu, elle nous indique l'utilité pratique, l'avantage qu'il peut y avoir pour le créancier à ce que le fidéjusseur ait cautionné les deux *rei*, et non pas un seul d'entre eux.

Exemple : Primus et Secundus doivent 100 à Mévius ; ils ont été cautionnés par Titius. Primus meurt laissant pour héritier Mévius. Si Titius n'avait intercédé que pour Primus, l'obligation de celui-ci étant éteinte par confusion, il serait libéré. (L. 43, D. *de solut.*; l. 25, § 3, D. *de fidej.*); mais comme il s'est porté caution de Secundus, lequel reste tenu, il peut être poursuivi du chef de celui-ci pour 100 ou pour 50, suivant qu'il y avait ou non société entre les corrées de promesse.

Faisons toutefois observer que la construction grammaticale conduirait à décider que c'est, non le créancier, mais le fidéjusseur qui a hérité de l'un des débiteurs. Cette interprétation est même admise par Cujas (*Ad African. tractat.* 7) et Pothier (*Ad Pandect.*, tit. *de fidej.*, n° 19).

Dans cette explication, l'intérêt du créancier apparaît si les deux *rei* n'étant pas associés et le fidéjusseur succédant à celui des débiteurs avec lequel le créancier a fait un pacte de *non petendo in rem*, il est poursuivi comme fidéjusseur de l'autre débiteur ; auquel cas il ne pourra opposer une telle exception.

Mais le sens donné plus haut à ce texte, d'après M. Demangeat (*op. cit.*, p. 132), se présente plus naturellement à l'esprit et le satisfait davantage, sans qu'il soit besoin d'ajouter aux faits relevés par le jurisconsulte. — Mêmes solutions, basés sur les mêmes principes, si l'un des corrées de promesse ou de stipulation succède au fidéjusseur, qui était intervenu pour plusieurs débiteurs, ou auprès de plusieurs créanciers.

VI.

L'un des correi debendi ou l'un des correi credendi succède à son corrée, soit de promesse, soit de stipulation.

Y aura-t-il confusion des deux droits ? Non, car nous allons voir que cette dualité d'obligations n'entraîne extinction qu'autant qu'elles ne sont pas l'une et l'autre *ejusdem potestatis*, comme le dit Julien, l. 5, pr. D. *De fidej.* (46. 1.) Les deux obligations étant parfaitement égales, il n'y a aucune raison pour supprimer l'une plutôt que l'autre.

Ces résultats fort rationnels trouvent leur appui dans

trois textes : la loi 8 que nous venons de citer ; la loi 13, D. *De duob. reis.* (45, 2), et la loi 93, D. *De solut.* (46, 3.)

Nous nous occuperons d'abord du cas où l'un des *rei promittendi* succède à l'autre ; en second lieu, du cas où l'un des *rei stipulandi* devient héritier de l'autre.

1.° Deux débiteurs étant obligés *correaliter*, si l'un vient à mourir laissant l'autre pour héritier, la position du créancier restera la même qu'auparavant, alors que deux personnes distinctes se trouvaient obligées envers lui. En effet, pour que la réunion sur la même tête amenât l'extinction des obligations qui y étaient attachées, il faudrait incompatibilité entre elles : aussi avons-nous vu la confusion ne se produire pleinement que quand les qualités de débiteur et de créancier, de fidéjusseur et de débiteur principal d'une même dette, venaient à se réunir en la même personne. Mais, dans le cas où les deux obligations sont identiques par leur nature et leur étendue, il y a adjonction et non confusion. *Si reus promittendi altero reo heres extiterit, duas obligationes eum sustinere dicendum est. Nam ubi altera differentia obligationum esse possit, ut in fidejussore et reo principali, constitit alteram ab alterâ perimi. Cùm verò ejusdem duæ potestatis sint, non potest reperiri qua altera potius quam alteram consummari.* (L. 13, D. 46, 1.) Cette doctrine de Vénuléius est reproduite en termes presque identiques par Ulpien, qui cite un passage de Julien. Scévola donne aussi la même solution dans le paragraphe 1er, loi 93, *de solut.*, cité plus haut. Aussi nous bornerons-nous à rappeler qu'on doit retrancher la négation du paragraphe suivant, pour la transporter au paragraphe 1er, où elle fait précisément défaut.

Par conséquent, dans l'espèce qui nous occupe, l'obligation du débiteur défunt se réunit à celle de son héritier, lequel supporte les deux obligations : *duas obligationes sustinet.* (L. 5, précitée.)

Ce concours des deux obligations sur la même tête est, dans certains cas, avantageux pour le débiteur survivant : car, s'il trouve dans l'hérédité de son codébiteur défunt, au nom duquel il est actionné, une exception qui, d'après les principes admis en matière de corréalité, ne lui compèterait pas, par exemple, un pacte *de non petendo in personam* ou même *in rem*, s'il n'y avait pas société entre eux, il pourra en user pour repousser l'action du créancier. On objectera que l'obligation de l'un des *rei* existant avec toute son efficacité, tandis que l'autre peut être paralysée par une exception, cette dernière se trouve *minùs plenior*, qu'il serait dès-lors logique qu'elle fût absorbée par l'autre ; mais cette manière de voir ne paraît pas avoir été celle des jurisconsultes romains, qui n'admettent point la confusion quand l'un des *rei* succède à l'autre, (Arg. l. 93, pr. D, *De solut*). — On comprend aussi que la coexistence des deux obligations était favorable au créancier, dans le cas où le survivant poursuivi en son propre nom, aurait pu repousser par une exception l'action dirigée contre lui. Son intérêt l'engageait alors à agir *hereditario nomine.*

Quid s'il s'agissait de débiteurs simplement solidaires, dont l'un succédait à l'autre? Distinction : le codébiteur héritier poursuivi *proprio nomine*, pouvait invoquer le pacte *in rem* fait avec son auteur — pour le tout, s'il y avait eu société entre eux, — jusqu'à concurrence de la part que devait supporter définitivement le défunt gratifié de la remise, dans le cas contraire.

2o L'un des *rei stipulandi* est mort, laissant l'autre pour son héritier. — Les mêmes motifs commandent ici encore la même solution. Et en effet, quelle raison d'éteindre le droit de l'un en maintenant celui de l'autre, puisqu'ils sont *ejusdem potestatis?* (Conf. ll, 5, 13, D. 46, 1, et 93, D. 46, 3.)

Quant à l'intérêt pratique de cette solution, il est indiqué dans la loi 93, où Scévola, après avoir constaté que, l'un des *rei stipulandi* succédant à l'autre, il n'y a pas confusion de droits, ajoute : *Si alter ex reis pacti conventi temporali exceptione summoveri poterit, intererit qui heres exstitit, utrumne suo nomine, an hereditario experiatur : ut ità possis animadvertere exceptioni locus sit, necne.*

D'après cette décision, si le survivant des *correi credendi* a fait remise, soit *in personam* (*ego non petam*), soit *in rem* (*non petetur*), au débiteur, il pourra, en actionnant au nom du créancier auquel il succède, éviter les effets de la remise par lui faite. Et réciproquement, si le défunt avait fait semblable remise, le survivant se gardera bien d'agir *hereditario nomine*, mais actionnera en son propre nom. — Ces résultats se produisent sans qu'il y ait à distinguer si les *correi credendi* étaient ou non *socii* (L. 27, D. *De pact.* 2, 14.)

Mêmes décisions, si un tiers succède au créancier ou à l'un des créanciers et à l'un des débiteurs ou au débiteur (Arg. l. 71, D. *De fidej.* 46, 1.)

VII.

Le fidéjusseur, succède à son cofidéjusseur.

Ici encore, aussi bien que dans le cas où l'un des *rei*

promittendi succède à l'autre, il n'y a aucune raison pour considérer comme éteinte l'une des deux obligations fidéjussoires plutôt que l'autre. Elles concourent donc : *non est novum*, dit Africain. Le créancier peut même avoir intérêt à leur coexistence : le fidéjusseur héritier reste ainsi tenu *ex utrâque* (L. 21, § 1, D. *De fidej.*)

VIII.

Le fisc succède à son débiteur ; — *ou au débiteur et au créancier.*

Si le fisc recueille par testament les biens de son débiteur, les choses se passent comme si un créancier ordinaire avait succédé à son débiteur. Cela résulte notamment de la loi 71, D. *De fidejuss.*

Que si les biens de ce même débiteur sont vacants, il n'est point tenu de les revendiquer (l. 1, § 1er, D. *De jure fisci*); ils sont vendus à la requête des créanciers et les fidéjusseurs restent obligés pour le surplus; mais s'il les revendique, les fidéjusseurs sont libérés, à moins que la valeur du patrimoine n'ayant pas égalé le montant des dettes, les cautions ne se fussent engagées pour garantie de l'entière solvabilité du débiteur; auquel cas, elles resteraient tenues de la différence. C'est probablement à ce résultat que Paul fait allusion dans le § 11, l. 45, D. *De jure fisci : si principalis rei bona ad fiscum devoluta sint, fidejussores liberantur, nisi forte minus idonei (debitoris) sint, et in reli-*

quum non exsolutæ quantitatis accesserint (voir aussi l. 68, § 1er, *in fine*. D. *De fidejuss.*)

Dans le cas de confiscation des biens, une distinction est à faire : si ce sont les biens du débiteur d'autrui qui ont été confisqués, ses obligations ne sont pas éteintes, par rapport à lui ; par suite ses répondants ou ses mandants ne sont pas libérés. Mais si le condamné est le débiteur du fisc, il y a, en principe, libération ; à moins qu'il ne soit insolvable et que les fidéjusseurs n'aient garanti les créanciers contre les risques de l'insolvabilité.

C'est ainsi que Doneau (sur la loi 1, C. 8, 41), Cujas (lib. 15, *Observ.*, cap. 35), Melchior (*de confusione*, cap. 3, n° 10), Voët (*h. t.* n° 26), Pothier (*De fidej.*, n° 70), concilient les lois que nous avons citées avec les lois 1, 15, 20, C. *De jure fisci* (8, 41), et la loi dernière, D. *de duob. re.* 45. 2.

Quand le fisc succède au débiteur et au créancier de la même dette, il y a pleine et entière confusion, libération des cautions, à moins qu'elles ne fussent intervenues *in reliquum non exsolutæ quantitatis.* Car le fisc, par cette double succession, réunit deux qualités incompatibles, d'où suit la confusion.

CHAPITRE SECOND.

Des causes qui empêchent ou font cesser la Confusion.

L'adition d'hérédité faite sous bénéfice d'inventaire empêche la confusion des droits. (L. 22, § 8, C. *De jure de lib.* C. 6. 30 ; l. 7, C. *de pactis*, 2. 3.)

La séparation des patrimoines produisait le même effet] (L. 1, § 1, l. 3, pr. *de separationib.* D. 42, 6.), quand elle était requise par les créanciers du défunt contre les créanciers de l'héritier.

La confusion pouvait encore cesser par une convention expresse ou tacite : expresse, quand l'héritier vendait l'hérédité à l'adversaire qui lui en avait contesté en justice la possession, sous cette condition qu'il paierait ce que le défunt devait à son héritier, comme si l'adition n'avait pas eu lieu. (L. 7, C. *de pact,* 2. 3.) Bartole ne pense pas néanmoins que le créancier conserve les avantages attachés à son ancienne action ; il croit qu'Antonin lui en avait donné une nouvelle pour poursuivre celui à qui il vendait l'hérédité ; il s'appuie sur ces mots de la loi 7 : *actio quam contrà eum habuisti, aditâ hereditate, confusa est.* — La confusion cessait par convention tacite quand l'héritier vendait la succession, en ce sens que l'acheteur de l'hérédité devait rembourser au cédant tout ce que celui-ci avait payé aux légataires et aux créanciers héréditaires, tout ce qu'il avait déboursé pour les frais funéraires du défunt, pour les réparations nécessaires aux bâtiments, le paiement des impôts. (L. 2, § 17, D. *de hered. vend.*). Il devait aussi faire raison au cédant des droits que celui-ci avait contre le défunt et que la confusion avait éteints au moment où il était devenu héritier. (L. 2, §§ 18 et 19, D. *eod tit.*). Et réciproquement, le vendeur devait rendre compte à l'acheteur des profits quelconques qu'il avait retirés de la succession, quand, par exemple, il s'était enrichi par libération. Cela avait lieu lorsque étant débiteur du défunt, sa dette s'était trouvée éteinte par confusion, lors de l'adition, ou bien lorsqu'il était avant ou après la vente, devenu héritier d'un débiteur de la succession. (L. 20, D. *eod. t.*; l. 2, § 6, D. *eod. t.*; l. 37, pr. D. *De peculio.*) Mais les anciennes actions ne renaissent pas plus dans ce cas que dans le précédent : *semel heres, semper heres.*

Il en était différemment si on obtenait la rescision de son acceptation pour cause de minorité, ou toute autre cause légitime : *Pupillis, quos placuit oneribus hereditariis esse liberandos, confusas actiones restitui oportet.* (L. 87, § 1, D. *De adq. vel omitt hered* 29. 2.); ou si le testament en vertu duquel le créancier avait fait adition, était *injustum, ruptum aut inutile.* Comme aussi, le créancier, qui avait seulement possédé l'hérédité dont il était évincé par le véritable héritier, recouvrait ses actions avec toutes leurs garanties ; car le paiement n'est valable qu'autant que la chose donnée *in solutum* devient la propriété du créancier : or, dans ces divers cas, il n'en est pas ainsi. (L. 95, § 8, D. 46. 3 ; l. 26, D. § *sed si, eod. tit*; l. 33, pr. *eod.*)

Si le testament avait été rescindé en entier sur la plainte d'inofficiosité intentée par le légitimaire, le résultat de la sentence était de remettre les choses au même état que si le défunt était mort intestat, *nam intestatum patremfamilias facit,* dit Ulpien, l. 6, § 1, D. *de inoff. test.* (5. 2). En conséquence, nonobstant la confusion qui avait eu lieu, l'*heres scriptus* redevient, selon les cas, soit créancier, soit débiteur du défunt, dont la personne est désormais continuée par le légitimaire victorieux : *Perinde omnia observari oportere ac si hereditas adita non fuisset.* (L. 21, § 2, *eod. tit.*; l. 22, *in fine*, C. *eod. tit.*)

Quid si un héritier est déclaré indigne ? Il paraît

résulter des textes que, s'il est excusable, comme par exemple, quand il n'a pas poursuivi le châtiment de la mort du défunt par ignorance du fait, mais ignorance provenant de sa faute, on le restituera dans tous ses droits éteints par confusion. (L. 17, *in fine*. D. 34. 9.) Mais si, après avoir fait adition, il est déclaré indigne à cause de son dol, pour ne pas avoir poursuivi la *vindicta defuncti*, il ne recouvre pas ses actions : *Confusas actiones restitui non oportet*, dit Papinien, qui ajoute : *Dolus enim heredis penitus est.* (L. 21, § 1, D. *ad S. Cons. Sylan.*, 29, 5; l. 8, 16, § 2, 17, 18, § 1. D. *de his quæ ut indign. aufert.*, 34, 9; l. 29, § 1, D. *de jure fisci*, 49, 14.) Résultat injuste, si on considère qu'il n'avait d'autre but que de satisfaire l'avidité du fisc, en lui attribuant l'actif de la succession sans lui en faire supporter les charges.

Nous avons expliqué les effets de la restitution de l'hérédité fidéicommissaire, en commentant la loi 59, D. *ad S. Cons. Trebellianum* (36. 1.) Nous nous bornerons à y renvoyer : on peut aussi consulter les lois 58 et 81, D. *eod. tit.*; Cujas, *ad Africanum tract.* 7, *ad* l. 21, D. *de fidej.*, et Ant. Favre, *conjectur.* Lib. 7, cap. 16 et 17, et lib. 8, cap. 4.

DEUXIÈME PARTIE

DROIT FRANÇAIS.

Le droit coutumier suivit la tradition romaine en matière de confusion, modifiant toutefois quelques opinions ; nous aurons soin de les indiquer. Seules, les coutumes de Hainaut, de Cambrésis et de Normandie consacrèrent certaines dispositions particulières à la confusion ; mais comme elles ne présentent aujourd'hui aucun intérêt, nous nous bornerons à renvoyer à l'exposé qu'en fait Merlin, dans son répertoire, v° *Confusion*, §§ 2, 3, 4. Nous croyons dès lors inutile de traiter de l'ancien Droit Français dans une section particulière ; ce serait nous condamner à des redites inévitables. Du reste, en cette matière, de même que pour les obligations en général, nous aurons souvent l'occasion de recourir à Pothier, que notre législateur a suivi pas à pas, et nous comblerons ainsi ce qui pourrait paraître une lacune.

Le Code Napoléon s'occupe de la confusion dans trois articles, 1200, 1300 et 1301. Ces deux derniers sont le siége principal de notre matière.

Nous avons dit plus haut que, dans son acception la plus étendue et dans son application aux personnes, la confusion est le concours de qualités contraires et incompatibles, qui s'entre-détruisent; que, considérée comme mode d'extinction des obligations, elle est la réunion dans la même personne des qualités de créancier et de débiteur d'une seule et même obligation.

D'une seule et même obligation, disons-nous, car si deux personnes devenaient débitrices et créancières l'une de l'autre, les deux obligations et les deux créances corrélatives s'acquitteraient mutuellement sans doute; mais cette extinction simultanée serait le résultat d'une compensation, et non d'une confusion (art. 1289.) C'est en quoi diffèrent ces deux modes d'extinction : dans l'un et l'autre, le même sujet joue le rôle de débiteur et de créancier, il est vrai; mais, tandis que dans la compensation le créancier a pour obligée une personne envers qui à son tour il est tenu, dans la confusion, au contraire, il réunit deux qualités opposées dans une même situation juridique. En d'autres termes, la compensation n'est possible qu'avec le concours de deux personnes respectivement créancières et débitrices, et la confusion n'en suppose qu'une seule, qui réunit sur sa tête le double titre de créancier et de débiteur. Voilà pourquoi l'obligation s'éteint, car parmi les éléments indispensables à sa formation il faut deux personnes distinctes, un sujet actif et un sujet passif. Si elles se confondent, la dette ne peut pas plus continuer à subsister qu'elle n'aurait pu se former. C'est donc fort inexactement que l'art. 1300 porte : « *Lorsque les qualités de créancier et de débiteur se réunissent dans la même personne, il se fait une confusion de droits qui éteint les deux créances;* » car, nous le répétons, à la différence de la compensation, laquelle éteint deux dettes qui se soldent l'une par l'autre, la confusion n'éteint qu'une seule obligation. Aussi les auteurs sont-ils unanimes à remarquer l'inexactitude de rédaction de cet article, inexactitude qui pourrait être aisément réparée en substituant aux mots *les deux créances*, ceux-ci, *les deux droits actif et passif.* (Duranton, XII, 435 ; Dalloz, *répert.*, *hoc verbo* ; Zachariæ, Aubry et Rau, t. 3, § 330, p. 108, texte et note 2 ; Delvincourt, II, p. 583 ; Marcadé, sous l'art. 1300 ; Mourlon, *répét. écrit.*, t. 2, p. 752.)

Il est même à observer que cette définition évidemment erronée a induit en erreur la jurisprudence, qui a admis la confusion dans des espèces où l'on ne devait agiter qu'une question de compensation.

Dans un premier arrêt, la Cour suprême, cassant un arrêt de la Cour de Bourges, pour violation des art. 1300 et 1185, C. N., décide en substance que, quand un débiteur par compte courant sur lequel des traites ont été tirées, acquitte ces traites même avant leur échéance, il devient créancier du tireur pour leur montant; mais comme, d'autre part, il en est débiteur, il s'opère par là et nonobstant le terme apposé à l'exigibilité des traites, une confusion de droits qui éteint les deux dettes : le terme ne suspendant pas l'obligation, mais en retardant seulement l'exécution, ne saurait être un obstacle à la confusion résultant de la réunion dans la même personne des qualités de créancier et de débiteur (11 déc. 1832 ; Sir., 33, 1, 140.) Solution erronée ! Pour que la confusion eût pu se produire , une seule dette devait exister, du tireur contre le tiré, l'un succédant à l'autre (Riom, 12 mars 1844 ; D. P. 48. 2. 68. Req. , 10 avr. 1848 ; D. P. 48. 1. 87.) ; or, dans l'espèce , il y en avait deux, du tireur contre le tiré, le premier créancier du second par suite de l'acceptation des traites, — du tiré contre le tireur, ce dernier débiteur du montant des traites payées avant leur échéance. Il ne pouvait donc s'agir que d'une question de compensation facultative, mais pas de confusion.

Dans une seconde affaire, une vente avait été annulée ; et le vendeur, débiteur de la portion du prix qu'il avait reçue, se trouvant réciproquement créancier de la valeur de ceux des objets vendus que l'acheteur avait détruits, s'était pourvu en cassation contre l'arrêt de la cour de Rouen, qui avait refusé de compenser les deux dettes. La Cour, « attendu que, le vendeur se trouvant débiteur du prix et créancier de la valeur des effets enlevés, il s'opérait *confusion en sa personne,* jusqu'à concurrence, » cassa l'arrêt de Rouen pour violation de l'article 1300 (civ. cass., 13 mai 1833 ; Sir., 33, 1.672). Or, dirons-nous avec Marcadé , on voit qu'il y avait là un cas, non de confusion, mais de compensation facultative ; et que c'était comme violant les règles de la compensation que l'arrêt devait être cassé.

Plus récemment enfin, un arrêt de la cour d'Angers, du 23 août 1856, porte que lorsque, par suite de la résolution d'une vente d'immeubles prononcée pour défaut de paiement du prix, le vendeur et l'acquéreur se trouvent respectivement débiteurs, le premier de la plus value donnée à l'immeuble par le second, et celui-ci des fruits par lui perçus, les deux dettes s'éteignent mutuellement par *confusion* jusqu'à concurrence du montant de la moins forte, et l'on dirait à tort que ce sont les principes de la *compensation* qui sont applicables en pareil cas (D. P. 66, 2, 300).

Nous ferons sur cet arrêt les mêmes réflexions que sur les précédents. La confusion aurait eu lieu incontestablement si le vendeur, créancier des fruits, avait succédé, comme héritier ou donataire, à l'acquéreur débiteur de ces fruits, ou si l'acquéreur, créancier de la plus-value, s'était trouvé, par les mêmes causes, mis à la place du vendeur, débiteur de cette plus-value ; mais de ce que l'on est tout à la fois créancier et débiteur de la même personne, il n'est nullement permis de conclure que la confusion s'est opérée jusqu'à concurrence de la plus faible des deux dettes. Les principes de la compensation étaient seuls applicables, sans qu'ils dussent être modifiés par cette circonstance, que la double situation de créancier et de débiteur, faite au vendeur ou à l'acquéreur, dérivait d'un seul et même fait, la résolution de la vente.

Sous le bénéfice de ces observations, entrons en matière.

Dans un premier chapitre, nous examinerons les divers cas dans lesquels se produit la confusion. Un deuxième chapitre sera consacré à passer en revue les événements qui peuvent faire cesser la confusion.

Enfin nous dirons, dans un appendice, quelques mots sur la législation des émigrés, relative à notre matière.

CHAPITRE PREMIER.

Dans quels cas il y a confusion. — De ses effets.

La confusion peut s'opérer de plusieurs manières,
savoir :
1° Dans le cas d'une dette ordinaire ;
2° Dans le cas d'une dette solidaire ,
3° Quand la dette est cautionnée ;
4° Lorsque l'État succède à son débiteur, ou à deux
personnes dont l'une était créancière de l'autre.

§ 1er.

Dette ordinaire.

La confusion s'opère lorsque le débiteur succède au
créancier, ou le créancier au débiteur : car, en accep-
tant purement et simplement la succession, l'héritier
représente le défunt, il entre dans tous ses droits actifs
et passifs ; or, il implique contradiction qu'il puisse se
devoir à lui-même. Dans ce cas, l'action s'éteint pour la
totalité, *in solidum*, si celui qui est créancier ou débiteur du tout, devient unique héritier de l'autre.

Remarquons avec Pothier, n° 646, que la confusion
produit son effet au moment même où les deux qualités

se réunissent (*Conf.* Duranton, t. 12, nº 480 ; Toulouse, 9 août 1844).

L'effet produit sera encore le même si la succession a lieu à un autre titre que celui d'héritier proprement dit, pourvu que ce titre investisse le débiteur de toutes les créances et le soumette au paiement des dettes du créancier, en un mot, quand il devient son légataire ou son donataire universel, ou à titre universel ; et, en sens inverse, lorsque le créancier succède aux obligations du débiteur à quelqu'un de ces titres.

Il y a même raison de décider quand un tiers devient héritier tout à la fois du créancier et du débiteur, ou succède à l'un et à l'autre à quelque autre titre universel ; puisque par là le successeur se trouve réunir en même temps sur sa tête les droits et obligations de ceux dont il a recueilli le patrimoine.

Par application de ces principes, il a été décidé :

1º Que la démission de biens faite par le père et la mère en faveur de leurs enfants, rend ceux-ci non-recevables à revendiquer contre les tiers les biens propres de leur mère, aliénés par le mari seul, soit parce qu'ils se trouveraient soumis à la maxime *quem de evictione tenet actio, eumdem agentem repellit exceptio*, soit parce que la réunion sur leur tête de la qualité de créanciers du chef de la mère, et de débiteurs du chef du père, avait éteint l'action par confusion (Cass., 12 août 1840 ; J. P. t. 1 de 1844, p 460.)

2º Que l'ascendant débiteur de la chose par lui donnée, qui succède au droit du donataire par l'effet du retour légal, se trouvant débiteur et créancier à la fois, ne peut, en qualité d'héritier du créancier, céder à un tiers la nue-propriété d'une créance sur lui-même, déjà éteinte de plein droit par la confusion (J. P., t. 2 de 1844, p. 446 ; Toulouse, 9 août 1844.)

Par analogie , on doit reconnaître que , si l'un des époux communs était , avant le mariage , créancier de l'autre, la créance s'éteint par confusion : car la communauté, qui joue le rôle d'un tiers , l'a reçue activement du chef de l'époux créancier , et passivement du chef de l'époux débiteur. (1)

— Et puisque la dette principale s'éteint, nul ne pouvant être son propre débiteur, il est clair aussi que l'obligation accessoire de la caution s'éteindra par là même (art. 1301.—1°)

Nous devons ici faire observer que le premier alinéa de cet art. 1301 n'est pas assez large dans sa rédaction. Il porte : *la confusion qui s'opère dans la personne du débiteur principal , profite à ses cautions ;* ce qui semble exclure, du moins *in terminis*, le cas identique où le débiteur succède au créancier. Le législateur n'aurait dû ne s'occuper que de la confusion résultant du concours des qualités de créancier et de débiteur principal, abstraction faite de la personne en qui se produit cette réunion Et c'est précisément parce que la personne qui confond ces

(1) Il se produit encore quelque chose de semblable, d'après Pothier, n° 611, lorsque le créancier succède, non au débiteur , mais à un tiers qui était obligé d'acquitter le débiteur, ou à l'inverse : l'obligation est également éteinte de droit. Ce n'est pas qu'il s'opère une confusion proprement dite , puisque la même personne ne réunit pas les qualités de créancier et de débiteur, mais il y a une sorte de compensation d'actions, parce que le créancier poursuivant le débiteur , celui-ci exercerait immédiatement contre lui un recours, qui neutraliserait son action.

deux qualités est différente, que le dernier alinéa du
même article parle d'une confusion en la personne *du
créancier* dans un cas où, d'après son système, il devrait
dire dans la personne du *codébiteur* (Marcadé, sous l'art.
1301, I.)

Au reste, ce texte n'est que l'application d'un principe
évident en soi, à savoir que la confusion éteint nécessairement tous les droits dont elle rend l'existence
ultérieure absolument impossible, mais qu'elle n'éteint
qu'eux. Si donc le créancier succède au débiteur, ou
réciproquement, l'obligation de la caution s'éteindra,
quia nec reus est pro quo debeat (loi 38, § 1, D. *de solut.* ;
Pothier, n° 644, et le nouveau Denisart, *hoc verbo*, p.
173). Il y a plus : c'est que la libération du fidéjusseur
n'est pas un effet direct de la confusion, mais bien de
la règle *quem de evictione...*, puisque le débiteur, héritier du créancier, ou ce dernier du premier, s'il poursui-
vait la caution, verrait son action paralysée par l'exception de garantie (art. 2028 ; Zachariæ, Aubry et Rau,
t. 3, § 330, note 7 ; Larombière, art. 1301, n° 8 ;
Mourlon, t. 2, p. 783.)

Et ce qui est vrai de la caution l'est également des
autres accessoires, notamment de l'hypothèque : ainsi,
il a été jugé que le créancier hypothécaire, qui succédait à celui qui a garanti le tiers détenteur de l'immeuble
de l'effet de l'hypothèque, réunissant deux qualités incompatibles, il s'opérait une confusion de droits qui,
d'une part, éteignait le droit hypothécaire du créancier,
et, d'autre part, le libérait de la garantie promise par
son auteur ; qu'en conséquence, il pouvait demander
la radiation de l'inscription prise sur les biens de son
auteur par le détenteur de l'immeuble (Req., 18 juill.

1820. Dalloz, *répert.*, Priv. et hyp., n° 2751-2°.) On peut aussi appliquer la règle que nous établissons à tous les cas où celui à qui est due garantie succède à celui qui en est tenu.

— Par une conséquence du principe que les droits et obligations se divisent de plein droit entre les héritiers (art. 1220) si le débiteur ne succède au créancier que pour partie, la confusion ne s'opère que pour une portion de la dette correspondante à la fraction de succession qui revient à l'héritier. Ainsi, Primus doit 500 fr. à Secundus, et celui-ci succède à Primus pour la moitié : la dette n'est éteinte que pour 250 fr. seulement. Secundus pourra donc recourir contre son cohéritier et la caution (s'il y en a en une) pour le surplus de sa créance.

Dans le même ordre d'idées, Pothier enseigne que si celui qui n'est que créancier pour partie, devenait héritier unique du débiteur, il ne se ferait confusion et extinction que de la partie de la dette dont il est créancier ; et *vice versâ*, si le créancier du total devenait héritier de celui qui n'était que débiteur pour partie, il ne se ferait confusion que de cette partie de la dette. (*Oblig.* n° 648.)

En un mot, si de plusieurs personnes succédant à une autre, l'une est, soit créancière, soit débitrice du défunt, l'adition d'hérédité faite par celle-ci opérera confusion dans la limite de sa portion héréditaire. *Videtur im hæreditas ipsa hæredi vel hæres hæreditati, quod debet solvere, in ipso articulo adeundæ hæreditatis* (Cujas).

On voit, d'après cela, que, de tous les modes d'extinction des obligations, la confusion semble un des moins énergiques, puisqu'en Droit Français comme en Droit Romain, sans affecter l'obligation dans les conditions

essentielles de son existence, elle n'aboutit qu'à une impossibilité d'exécution. Aussi a-t-elle pour effet plutôt
de libérer la personne sur laquelle elle s'opère, que
d'éteindre l'obligation elle-même. *Potiùs personam ab
obligatione evimit, quam obligationem extinguit.* L'obligation continue, en conséquence, ainsi que nous disions
dès le début, à faire partie de l'actif ou du passif du
défunt, et doit entrer dans le calcul de la quotité disponible et de la réserve. (Duranton, t. 12, n° 481.)

Poursuivons : ce que nous venons de dire de la confusion partielle s'applique même au cas où la dette
était indivisible ; car de deux choses l'une : ou les
autres héritiers exécuteront réellement, et, dans ce
cas, celui en qui s'est opérée la confusion partielle est
débiteur envers eux, à titre d'indemnité, de la part
qu'il doit supporter dans l'obligation ; ou l'inexécution
se convertit en dommages-intérêts, lesquels sont à la
charge de chacun d'eux dans la limite de sa part héréditaire (Duranton, t. 12, n° 460 ; Marcadé, t. 5,
art. 1228 ; Rodière, *Solidarité et indivisibilité*, n° 307
et suiv.; Larombière, n° 10.)

Au reste, la confusion ne peut s'opérer qu'autant
que la même personne obtient la pleine propriété de la
créance dont elle était débitrice, ou qu'elle devient débitrice de la créance dont la pleine propriété lui appartenait. Ainsi, la confusion n'est que partielle ou imparfaite, quand le débiteur n'acquiert, à quelque titre que
ce soit, que la nue-propriété de la créance par lui due,
l'usufruit en demeurant à un tiers. Dans ce cas, les
effets de la confusion sont limités à la nue-propriété, en
sorte que le débiteur et sa caution restent obligés au
regard de l'usufruit de la créance, c'est-à-dire au paie-

ment des intérêts. Par une semblable raison, les priviléges et hypothèques continuent de subsister dans la
mesure des droits non éteints. La même décision devrait
être prise à *fortiori*, lorsque le débiteur acquiert simplement l'usufruit de ce qu'il doit.

Ces diverses décisions, qui résultent expressément ou
implicitement d'un arrêt de la cour de cassation, du
19 décembre 1838, sont logiques et conformes à la
loi (1). Toute la question se réduisant à savoir s'il y a
incompatibilité entre la qualité de donataire de la nue-
propriété d'une créance et celle de débiteur de l'usufruit de la même somme, question qui doit être résolue
négativement d'après la loi elle-même (art. 944 et 543),
il s'ensuit que la dette ne s'éteindra par confusion qu'à
la mort de l'usufruitier, puisque le débiteur n'en acquiert
pas avant la pleine propriété. Et dans l'hypothèse où le
débiteur devient usufruitier d'une somme dont il doit le
capital, pour prétendre que la dette s'éteint, il faudrait
soutenir que la donation de l'usufruit équivaut à la donation de la pleine propriété ; or, il est élémentaire de
dire que ces deux droits sont essentiellement distincts.
On peut seulement avancer que l'abandon de la jouissance de la créance fait au débiteur, outre qu'il procure
un avantage à ce dernier, emporte la promesse de n'exiger le paiement du capital que de ses héritiers.

Dans une espèce semblable, la cour de Toulouse par
l'organe d'un éminent magistrat, M. le président Martin,

---

(1) On trouvera ce remarquable arrêt dans le recueil de MM.
Sirey et Devilleneuve, 39, 1, 155 ; dans le Journal du Palais,
1839, t. 1, p. 65 ; dans le recueil périodique de M. Dalloz, 39, 1,
700.

disait : « Que la confusion existe toutes les fois qu'elle peut s'opérer sur une partie de la chose et à concurrence de la quantité pour laquelle celui qui devait acquiert ; que ces idées sont d'une application facile dans le cas où celui qui était obligé en entier devient propriétaire de la nue-propriété, puisque, continuant à demeurer débiteur de l'usufruit, et tenu d'en acquitter les termes à mesure de leurs échéances, il est entièrement libéré en ce qui a trait au fond lui-même ; que le jour où l'usufruit prendra fin, tous les droits se trouveront réunis sur sa tête, mais qu'en attendant il est seulement obligé à supporter la jouissance ; que, pour le surplus, toute dette est éteinte.... (9 août 1845, J. P, t. 2 de 1844, p. 446.)

Il faudrait encore, pour que la confusion s'opérât, que le débiteur eût accepté la succession purement et simplement. Par conséquent, le bénéfice d'inventaire, ou bien la séparation des patrimoines requise par les créanciers héréditaires, formerait obstacle à l'extinction des dettes de la succession contre l'héritier, ou réciproquement. Mais ce point sera développé dans le chapitre second.

Le terme, s'est-on demandé, fait-il obstacle à la confusion ? La solution de cette question ne nous paraît présenter aucune difficulté : lorsqu'un contrat est à terme, l'existence de l'obligation n'est point suspendue, son exécution seule est renvoyée à une autre époque (art. 1185). Celui qui doit à terme est donc débiteur, et s'il succède à son créancier, l'art. 1300 recevra son application, étant contradictoire qu'une personne puisse se devoir à elle-même. (En ce sens, arrêt de cassation, du 11 déc. 1838, cité plus haut. Arg. art. 1202, C. N.)

Quant au point de savoir si la condition suspensive empêche la confusion, il est moins aisé à résoudre ; l'affirmative a ses partisans comme la négative. Nous croyons cependant la première opinion mieux fondée. Rappelons les principes : aux termes de l'art. 1181, l'obligation conditionnelle est celle qui dépend d'un événement futur et incertain, c'est-à-dire d'un événement qui peut-être arrivera, peut-être n'arrivera pas. Et si l'obligation dépend dans son existence d'un fait douteux, il n'est pas contestable qu'elle ne saurait exister avant la réalisation de cette condition, pas plus que l'effet ne peut précéder la cause. En Droit romain, la question n'était pas douteuse : il est vrai que les jurisconsultes paraissent avoir discuté si celui au profit duquel une obligation conditionnelle a été contractée, doit être réputé créancier, les uns admettant qu'aucun lien ne peut résulter d'un tel contrat, *tantum spes est debitum iri* (Inst., § 4, *de verb. oblig.*, 3, 15), *nihil interim debetur* (l. 13, § 5, D. 20, 1), les autres lui reconnaissant ce titre : *Qui stipulatus est sub conditione, placet etiam pendente conditione creditorem esse.* (L. 42, D. *De oblig. et act.* 44. 7.)

Mais cette contradiction existe plus dans les termes que dans les principes du droit : d'une part, en présence des nombreux textes rapportés au Digeste et au Code, il est positif qu'avant l'accomplissement de la condition il n'y a pas d'obligation, et c'est véritablement pourquoi la perte totale de la chose due sous condition est supportée par le débiteur ; d'autre part, on peut dire de celui qui a stipulé sous condition qu'il est *creditor*, en ce sens que le débiteur est irrévocablement tenu envers lui à suite d'une convention actuelle et parfaite, que sa volonté est liée par une sorte de *vinculum necessitatis*, si bien que, s'il empêchait la condition de se réaliser, elle serait censée accomplie (l. 42, pr. D. *De oblig. et act.* 44. 7 ; l. 5, C. 4, 10 ; art. 1178, C. N.), mais que son obligation ne naîtra qu'à l'arrivée de la condition. En un mot, s'il n'y a pas encore de dette, il y a cependant un lien.

Le législateur de 1804 a certainement voulu consacrer les mêmes principes dans les art. 1168, 1180, 1181 et 1182, bien que la controverse entre les jurisconsultes romains ait laissé des traces dans les articles 1179 et 1180, qui désignent sous le nom de créancier et de débiteur ceux qui ont été parties à une stipulation conditionnelle.

Cela étant, si celui qui a promis sous condition succède au stipulant, ou réciproquement, il n'y aura pas de confusion, puisqu'il n'existe pas encore d'obligation. Nous verrons plus tard l'utilité de cette décision.

La confusion, ainsi qu'on l'a déjà dit, produit son effet au moment même où la réunion des deux qualités a lieu. Mais *quid* si un individu, après avoir cédé sa créance, devenait héritier du débiteur cédé ? On sait qu'entre parties, la transmission de la propriété d'une créance s'opère par le seul consentement ; qu'au regard des tiers, parmi lesquels figure le débiteur cédé (art. 1689), la cession n'est parfaite que par la signification du transport faite à ce débiteur, ou son acceptation dans un acte authentique (art. 1690) : tant que la cession n'a pas été signifiée au débiteur ou dûment acceptée par lui, le cédant reste toujours saisi, et, par suite, toute cause de libération survenue entre eux est opposable au cessionnaire, qui n'aura qu'un recours en garantie contre le cédant (arg. art. 1691.) Faisant application de ces principes à la question proposée, nous dirons que, si le cédant est devenu héritier du débiteur cédé avant l'acceptation de ce dernier ou la notification du transport, la confusion s'opère. Il peut sembler étrange que le cédant bénéficie en quelque sorte de l'inaccomplissement d'une formalité exigée dans le seul intérêt des tiers. Rien n'est cependant plus conforme à la loi, puisque celui qui a fait la cession a les mêmes droits que le cédé dont il a recueilli la succession : le cessionnaire n'étant donc pas encore saisi à son égard, les qualités de créancier et de débiteur se trouvent réunies sur la même tête. Mais ajoutons que le cédant ne peut se prévaloir, à l'encontre du cessionnaire, de ce défaut de transport ou d'acceptation ; car, Pothier en fait la remarque, n° 646, le cédant est débiteur de la créance qui a été éteinte par suite de son acceptation pure et simple de la succession, c'est-à-dire par son fait, dont il doit la garantie, « de même que tout débiteur est tenu de payer le prix ou la valeur de la chose qu'il devait, lorsque c'est par son fait qu'elle a cessé d'exister. » Cette doctrine a passé dans l'art. 1693, Code Nap. (Voy. aussi art. 1628). Concluons de là que, si l'acceptation ou la notification du transport avait eu lieu avant l'adition d'hérédité du cédé par le cédant, la confusion ne pourrait plus s'opérer ; le cessionnaire étant investi de la qualité de créancier, aurait pour débiteur le cédant.

Que si le cessionnaire devenait héritier de celui contre lequel il a acquis une créance, la confusion se produirait dans tous les cas. En effet, de deux choses l'une : ou les formalités prescrites par l'art. 1690 avaient été

6

remplies avant l'ouverture de la succession, et alors le cessionnaire se portant héritier, a confondu en sa personne les qualités de créancier et de débiteur; ou elles n'étaient pas encore accomplies lors de l'adition d'hérédité, ce qui n'empêche point de considérer la confusion comme s'étant opérée, attendu qu'il serait puéril et contraire à l'esprit de la loi d'exiger, pour que le cessionnaire fût saisi, une acceptation postérieure à celle qu'il a déjà donnée comme acheteur de la créance, ou l'obliger à se notifier à lui-même un fait juridique à la réalisation duquel il a concouru (art. 1683 et 1689.) Il est à peine besoin de dire que le cessionnaire, ayant par son propre fait entraîné l'extinction de la créance, n'aura aucun recours en garantie contre son vendeur.

Les mêmes principes sont applicables au cas de saisie-arrêt.

Il est d'abord incontestable que la confusion ne peut être opposée aux tiers saisissants ou opposants, lorsque le débiteur de leur propre débiteur a succédé à ce dernier après le jugement qui a validé la saisie-arrêt. Dans le cas où elle a lieu pendant l'instance en validité, ou même avant, si le saisissant s'est conformé à l'article 563, C. P. C., on décide qu'en vertu de l'effet rétroactif du jugement qui déclare le droit du saisissant, la confusion a été empêchée. Sans doute jusqu'à ce qu'il ait été statué par le tribunal, la saisie n'a eu d'autre effet que de placer sous la main de la justice et de frapper d'indisponibilité, au profit du saisissant, les sommes dues par le tiers saisi, soit en totalité, soit au moins jusqu'à concurrence du montant des causes de la saisie; mais le jugement qui déclare la saisie bonne et valable et ordonne que le tiers saisi videra ses mains en celles du saisissant, confère aux créanciers, sur les deniers arrêtés, un droit d'appréhension directe, qui est le but définitif de la saisie.

Nous n'avons jusqu'ici traité de la confusion qu'en tant qu'elle se produit à suite de succession, legs ou donation à titre universel. Mais il n'est pas douteux qu'elle s'applique encore aux effets de commerce, tels que billets à ordre ou lettres de change. Lors donc qu'avant ou après leur échéance, les qualités de débiteur et de créancier se sont réunies sur la même tête, ces obligations, toutes commerciales qu'elles soient, sont éteintes par la confusion. Ainsi, quand le tiré, *accepteur* d'une lettre de change, devient son propre créancier par la transmission opérée en sa faveur du titre, la lettre est réputée éteinte même avant son échéance, et ne peut plus être utilement transmise à un tiers, envers le tireur originaire, à défaut de payement à l'échéance de la part du tiré. Il en est de même si le porteur d'un effet de commerce devient héritier du débiteur, alors même que nulle provision n'existerait entre les mains du tiré (Req., 19 avr. 1848. D. P. 48, 1,875, sir. 48, 1,385). Si la confusion s'opère entre le tireur et le porteur, les endosseurs et le tiré qui n'a pas reçu provision, sont libérés ; car le porteur (tenu aujourd'hui des obligations du tireur), s'il agissait, serait repoussé, soit comme garant des endosseurs, soit parce qu'il n'a pas mis son mandataire à même d'accomplir son mandat. Dans le cas où la provision aurait été faite, le tiré devrait la rembourser au porteur ou au tireur, héritier du porteur (Pothier, *Contrat de change*, t. 5, p. 384 et suiv. Massé, *Droit commercial*, t. 5, nos 411

et suiv.; Nouguier, *De la lettre de change*, t. 1, p. 368).
Ajoutons cependant que la confusion accomplie ne saurait, d'après les principes qui régissent la transmission
des effets de commerce, être opposée aux tiers porteurs
de bonne foi, c'est-à-dire à ceux qui les ont acceptés
dans l'ignorance de la confusion opérée (Cass., 19 avril
1848, cité plus haut).

La confusion dont s'occupe l'article 1300 ne s'applique pas seulement aux engagements personnels, mais
encore à tous les cas où la même personne cumule sur
sa tête des droits et des obligations contradictoires, du
concours desquelles résulte pour elle la double qualité
de créancière et de débitrice. Ainsi, nul ne peut être
acquéreur, donataire, fermier, commodataire, déposi-
taire, gagiste, antichrésiste, de sa propre chose. Nul ne
peut avoir une servitude ou un droit d'usufruit sur les
biens dont il est propriétaire; tant il y a d'évidence
dans le principe *nemini res sua servit*. Il n'est donc pas
contestable que le créancier hypothécaire, devenu par
l'acquisition de l'immeuble hypothéqué débiteur de sa
propre dette, éteint son droit réel (art. 785, 1300, 2114
et 2180, 1°, C. N.). Nous verrons toutefois que l'hypothèque renaîtrait après le délaissement ou l'adjudication
faite sur lui (art. 2177, 2125).

§ II.

Dette solidaire.

Avant d'entamer cette partie de notre étude, nous
poserons un principe qui paraît ressortir des quelques

textes afférents à la matière, et nous servira de guide dans les conséquences à en déduire : la confusion ne profite aux coobligés qu'autant qu'un recours en garantie leur est réservé contre celui en qui elle s'est opérée, nul ne pouvant demander comme créancier ce qu'il serait tenu de rendre comme débiteur.

Ce principe posé, et pour plus de clarté dans nos explications, nous distinguerons deux cas principaux, celui où la solidarité existe du côté des créanciers, et celui où elle a lieu entre débiteurs.

1° Supposons d'abord qu'il y a plusieurs créanciers solidaires et un seul débiteur, et demandons-nous ce qui arrivera si l'un d'eux succède au débiteur ? Les auteurs sont unanimes à reconnaître que la confusion n'éteint l'obligation que pour la part de ce créancier, *cujus persona eximitur*; le surplus de la créance demeurant. Par exemple, l'un des trois créanciers de 900 fr. succédant au débiteur, il n'y a plus alors qu'un débiteur solidaire de 600 fr. (au lieu de 900), et deux créanciers solidaires de cette même somme (au lieu de trois). — Si l'un des créanciers solidaires succédait au débiteur en concours avec d'autres héritiers, le calcul serait un peu plus compliqué, mais il se ferait d'après les mêmes règles, c'est-à-dire que l'extinction, par suite de l'impossibilité d'agir, n'aurait lieu que pour les droits actifs ou passifs propres aux deux personnes dont l'une succède à l'autre (Pothier, *Oblig.*, nos 276 et 645; Dalloz, *Oblig.* n° 2708; Delvincourt, p. 171, note 2; Larombière, sous l'art. 1301, n° 12; Marcadé, sous les articles 1198, 1200 et 1301 ; Boileux, sous les mêmes articles ; Massé et Vergé sur Zachariæ, t. 3, p. 381, note 7 ; Rodière, *Op. cit.*, n° 83; Duranton, t. 12, n° 471 ; Toullier, t. 4, p. 425, t. 7, n° 431.)

M. Duranton fait toutefois observer que « si le bénéfice de l'obligation n'était point, à raison de la nature de la chose due ou de quelque autre circonstance particulière, partageable entre les divers créanciers, chacun de ceux-ci pourrait encore exiger l'exécution totale de l'obligation, nonobstant la circonstance que l'un d'eux a pris la place du débiteur en devenant son héritier, ou le débiteur celle de l'un des créanciers. »

Si l'un des créanciers solidaires succède à l'autre, il s'opère bien une confusion, en ce sens que le débiteur n'a plus que deux créanciers solidaires au lieu de trois (dans le même exemple que plus haut) ; puisqu'il n'est pas possible qu'une personne ait deux fois droit à la totalité de la même chose ; mais rien n'est changé pour les cocréanciers entre eux. La raison en est que, quand deux droits également forts se réunissent sur la même tête, on n'aperçoit pas lequel des deux sera absorbé par l'autre ; aussi y a-t-il, ainsi que le décidait la loi romaine, addition et juxtaposition de ces deux droits plutôt qu'absorption de l'un par l'autre. Quant à l'avantage qu'en retirera le créancier devenu héritier, il peut être considérable. Ainsi, aux termes de l'art. 1198, 2e alinéa, « la remise qui n'est faite que par l'un des créanciers solidaires, ne libère le débiteur que pour la part de ce créancier. » Par application de ce texte, le créancier qui, poursuivant *proprio nomine* le débiteur auquel il aurait fait remise de la dette, se verrait exposé à être repoussé par l'exception, se gardera bien de ne pas agir *hereditario nomine ;* il obtiendra ainsi la moitié de la créance dont personnellement il avait fait la remise. Même observation pour le cas où le serment aurait été déféré au débiteur par l'un des créanciers (art. 1368.)

2° Passons au cas où la solidarité existe du côté des débiteurs.

Lorsque l'un des codébiteurs solidaires devient héritier du créancier, quel est l'effet de la confusion qui en résulte relativement à la dette solidaire ? Sur ce point Pothier s'exprime en ces termes : « Lorsque l'un des débiteurs solidaires est devenu l'unique héritier du créancier, la dette n'est point éteinte contre les autres débiteurs ; car la confusion *magis personam debitoris eximit ab obligatione quam extinguit obligationem.* Mais ce débiteur devenu héritier du créancier, ne peut l'exiger des autres débiteurs que sous la déduction de la part dont il est tenu vis à vis d'eux, et s'il y en a quelqu'un d'insolvable, il doit en outre porter sa part de l'obligation de l'insolvable. » (Nos 645 et 646.)

Cette doctrine a été consacrée par notre loi civile. L'art. 1209 s'exprime ainsi : *Lorsque l'un des debiteurs devient héritier unique du créancier, ou lorsque le créancier devient l'unique héritier de l'un des débiteurs, la confusion n'éteint la créance solidaire que pour la part et portion du débiteur ou du créancier.*

Les auteurs ont adressé à ce texte deux critiques bien fondées : on lui a d'abord reproché de ne pas avoir généralisé l'hypothèse qu'il prévoyait. A le prendre à la lettre, il ferait supposer que la confusion ne s'opère qu'autant que le créancier et le débiteur deviennent héritiers uniques l'un de l'autre ; or, c'est ce qui n'est pas. Qu'ils se succèdent pour le tout ou pour partie, il y aura confusion dans un cas comme dans l'autre, puisque deux qualités incompatibles se réuniront sur la même tête. La seule différence à signaler, c'est que, dans le second cas, la confusion s'opèrera pour une part moins forte que dans le premier : ainsi, au lieu de se produire pour la part entière du débiteur dans la dette solidaire, elle n'aura d'effet que pour une fraction de cette dette proportionnelle à la quote-part du débiteur dans la succession du créancier (ou réciproquement). Supposons donc que Primus, Secundus et Tertius étant débiteurs solidaires de Quartus pour une somme de 600 fr., celui-ci devienne unique héritier de Primus ou vice versâ : la part de Primus dans la dette s'éteindra par confusion, soit pour 200 fr. Si au contraire, Quartus et Primus n'étaient devenus héritiers l'un de l'autre que pour moitié, il ne se ferait extinction de la dette solidaire que pour la moitié de la part de Primus, pour 100 fr.; et, dans ce cas, le créancier Quartus, si c'est lui qui a succédé à Primus, pourrait réclamer 500 fr. à Secundus, par exemple, qui de son côté recourrait pour 200 fr. contre Tertius et pour 100 fr. contre les cohéritiers de Quartus. Ou bien encore le créancier demandera 300 fr. à son cohéritier comme représentant pour moitié le débiteur solidaire Primus, et en outre, 100 fr. contre Secundus, autant contre Tertius. De son côté, son cohéritier pourra leur en demander autant, comme exerçant les droits qu'aurait eus contre eux leur codébiteur Primus, dont il est héritier (art. 1214-1°.) Cette multiplicité d'actions ne sera utile à Quartus qu'en cas d'insolvabilité de Secundus et Tertius. La plupart du temps, le premier parti sera le plus avantageux. On voit, d'après cet exposé, que le résultat définitif de la confusion est le même, soit dans le cas où le créancier succède à l'un des codébiteurs solidaires, soit dans le cas inverse.

L'art. 1209 renferme un autre vice de rédaction, quand il dit que la confusion éteint la créance pour la part et portion du débiteur *ou du créancier* ; car la loi ne s'occupant dans ce texte que de la solidarité *entre les débiteurs*, il ne pouvait être question que des parts respectives des débiteurs, et non point de la part du créancier, puisqu'il n'y en a qu'un. L'article aurait dû dire : pour la part et portion du débiteur qui a succédé au créancier ou auquel le créancier a succédé.

L'art. 1301 ne présente pas le même vice de rédaction, mais, sous d'autres rapports, il n'est pas mieux rédigé. Le dernier alinéa, le seul qui ait trait à la solidarité, est ainsi conçu : *celle (la confusion) qui s'opère dans la personne du créancier ne profite à ses codébiteurs solidaires que pour la part dont il est débiteur.* Evidemment, ainsi que le démontre la simple lecture de cette disposition, il faut remplacer le mot *créancier* par celui de *débiteur.* Ces inexactitudes attestent d'une trop grande rapidité apportée à la rédaction de notre Code.

— Quand la confusion soustrait une personne à l'obligation solidaire, les accessoires par elle fournis sont également libérés : *sed et accessiones ex ejus personâ liberari* (L. 71. D. *De fidej.*) Remarquons encore avec Pothier, toujours d'après le Droit Romain, que, s'il se trouve des insolvables , le codébiteur devenu héritier du créancier , doit supporter sa part des insolvabilités (art. 1215). « Et la raison en est, dit M. Rodière, *op. cit.* nos 137 et 139, que la confusion, aux termes de l'art. 1209 , n'éteignant la créance solidaire que pour la part et portion du débiteur en la personne duquel elle s'opère , ne fait point cesser par conséquent la société que la solidarité a produite ; et les insolvabilités postérieures à la confusion continuent dès lors d'être aux risques de tous les associés... Aussi celui des débiteurs en qui la confusion s'est opérée, continue-t-il d'être responsable, à concurrence de sa part, de l'insolvabilité dans laquelle d'autres peuvent tomber. »

Il est donc certain que, dans les divers cas que nous venons de parcourir, le débiteur peut opposer au créancier qui le poursuit la confusion pour la part pour laquelle il a recueilli la succession de l'un des créanciers (Marcadé sous l'art. 1198 ; Zacharlæ, t. 2 , § 208 , note 18 ; Duvergier sur Toullier, n° 725, note 6 ; Rodière, op. cit. n° 17. Dalloz, n° 1380.)

— Si l'un des débiteurs solidaires, au lieu de succéder au créancier , avait hérité de son codébiteur , y aurait-il confusion ? Non, il y aurait plutôt adjection des deux obligations qui subsisteraient concurremment sur la tête du débiteur devenu héritier de l'autre. Celui-ci supportera donc, outre sa part dans la dette, celle de son codébiteur défunt. En effet , quand deux obligations sont également fortes et principales , on ne peut déterminer laquelle doit être confondue ; il n'y a pas d'ailleurs, entre elles l'incompatibilité qui existe entre les qualités de débiteur et de créancier , ou de débiteur et de caution (L. 8. D. *De fidejuss*. 46. 1.)

Le créancier peut même retirer un avantage sérieux de cette conjonction d'obligation. Ainsi, un individu meurt laissant pour héritière une femme qui s'était engagée avec lui sans autorisation. Si le créancier dirige son action contre elle personnellement, elle lui opposera la nullité résultant du défaut d'autorisation (art. 225, C. N.) ; mais s'il la poursuit en sa qualité d'héritière, cette exception s'anéantira, parce qu'il ne s'est point opéré en elle de confusion des deux obligations (Toullier, t. 7, n° 433.)

§ III.

Dette cautionnée.

Aux termes du second alinéa de l'art. 1301, la confusion qui s'opère dans la personne de la caution n'entraîne point l'extinction de l'obligation principale. Supposons donc que le débiteur succède à la caution, la caution au débiteur, ou un tiers à tous les deux : l'obligation accessoire du cautionnement s'éteindra, car nul ne peut être sa propre caution.

Les jurisconsultes romains concluaient de là que, si la caution en avait elle-même fourni une autre, ce que nous appelons un *certificateur de caution*, l'obligation du fidéjusseur étant éteinte, celle du certificateur l'était également. Mais, déjà du temps de Pothier cette opinion ne recueillait plus les suffrages unanimes (n° 383) ; il y a mieux, car Denisart écrivait quelques années après : « Nous avons rejeté cette décision comme fondée sur une subtilité. Elle porte uniquement sur ce que l'on a considéré l'obligation du certificateur comme n'étant que l'accessoire de celle de la caution, tandis que le certificateur de caution accède réellement à l'obligation principale, quoique non directement, et *seulement pour le cas où la caution ne pourrait accomplir son engagement.* D'où il suit que l'obligation de la caution n'est point le principal par rapport à celle du certificateur, mais seulement le mode sous lequel le certificateur accède à l'obligation principale. »

Il est difficile de relever en termes plus simples et plus clairs ce que le raisonnement des jurisconsultes romains avait de défectueux en ce point. C'est qu'en effet l'obligation du certificateur n'est point l'accessoire de celle de la caution, mais bien de l'obligation principale, accessoire stipulé conditionnellement pour le cas où la caution ne pourrait remplir son engagement. L'art. 2035, C. N., a résolu la question en faveur de l'ancien droit. Il porte : *la confusion qui s'opère dans la personne du débiteur principal et de sa caution, lorsqu'ils deviennent héritiers l'un de l'autre, n'éteint point l'action du créancier contre celui qui s'est rendu caution de la caution.*

Que si la caution avait donné une hypothèque, cette hypothèque continuerait à subsister en faveur du créancier, nonobstant la confusion de l'obligation accessoire. C'est même parce que la caution seule est exonérée, qu'on laisse subsister les gages ou hypothèques par elle fournis : il n'y a, en effet, rien de contradictoire et d'incompatible dans l'existence simultanée d'une obligation personnelle et d'une obligation hypothécaire ou privilégiée, ainsi que le dit fort bien la loi 38, § ult. D. *De solut.*

Cependant, si les effets du cautionnement étaient plus avantageux pour le créancier que ceux de l'obligation principale, ils continueraient de subsister malgré la confusion. Ainsi, quand l'obligation a été souscrite par un mineur ou une femme mariée, la caution qui leur succède ne peut faire annuler ou rescinder cette obligation, comme elle l'aurait pu si elle n'eût point cautionné. De même encore, si le débiteur principal succédait à la caution. Le système contraire serait mani-

festement injuste, en ce qu'il priverait le créancier de
la garantie sur laquelle il avait compté et permettrait à
la caution de se prévaloir d'une rescision en vue de
laquelle elle s'était engagée. Un auteur, M. Ponsot
(*Du cautionnement*, n° 323), observe d'ailleurs très
judicieusement, que la réunion des qualités de débiteur
et de caution a moins pour effet d'éteindre le cautionnement que de l'absorber en quelque sorte dans l'obligation principale, en présence de laquelle il disparaît
et s'efface. D'où il suit que, l'obligation principale étant
rescindée, rien ne s'opposerait plus à ce que l'obligation
de la caution reparaisse et produise son effet.

De ce qui précède on peut conclure que l'obligation
fidéjussoire ne se confond avec l'obligation principale
qu'autant que celle-ci n'est point entachée d'un vice
qui la rende inefficace (L. 21, § 2. D. *De fidejuss.*,
l. 95, § 3, D. *De solutionib.*; Toullier, t. 7, n° 428;
Duranton, t 12, n° 478, t. 18, n° 378; Zachariæ, t. 3,
p. 166; Larombière, art. 1301, n° 5; Troplong, *vente*,
n° 483, *caut.*, n°s 487 et suiv.; Dalloz, v° *confusion*,
n° 2800 et v° *caution*, n° 322).

Il est encore certain que, la caution succédant au
créancier ou le créancier à la caution, l'obligation accessoire est éteinte, car je ne puis être la caution de ce
qui m'est dû; mais l'obligation principale n'en subsiste
pas moins (art. 1301-2°) : *Si creditor fidejussori heres
fuerit, vel fidejussor creditori, puto convenire confusione
obligationis non liberari reum* (l. 71. D. 46.1), la première pouvant très bien subsister sans l'autre.

En cela surtout la confusion diffère du paiement. Le
paiement fait que la chose cesse d'être due, quelle que
soit la personne qui la livre (art. 1236); or, il ne peut

plus rester de débiteur ni principal ni accessoire, quand il n'y a plus de chose due. Si donc la caution paye , elle se libère en même temps qu'elle libère le débiteur principal (Pothier, no 645.)

Dans le même ordre d'idées, on peut dire que la confusion qui s'opère entre le porteur et l'un des endosseurs d'une lettre de change , libère les endosseurs subséquents (art. 159, C. Com.) ; tandis que ceux qui le précèdent restent obligés.

— Dans le cas où la caution de plusieurs débiteurs solidaires succède à l'un d'eux , elle reste tenue pour les autres. Elle aura donc, si elle est poursuivie par le créancier, son recours contre les codébiteurs, soit pour le tout, si elle a payé comme caution (art. 2030), moins sa part contributive, soit pour la part de chacun d'eux dans la dette, déduction faite de la part confuse, si elle a payé comme représentant de l'un des débiteurs solidaires (art. 1214. Duranton , t. 12, no 477.) — Et , à l'inverse, si, s'étant rendu caution envers des créanciers solidaires, elle devient héritière de l'un d'eux, elle reste obligée envers les autres, car il n'existe aucune incompatibilité entre les qualités qu'elle réunit ; mais elle a, du chef du créancier dont elle a hérité, une action contre le débiteur principal , attendu que son obligation n'a pu être éteinte que pour une partie.

— Mêmes solutions par les mêmes raisons quand l'un des créanciers ou des débiteurs solidaires succède à la caution , obligée envers plusieurs créanciers ou pour plusieurs débiteurs solidaires.

— Une dernière combinaison peut enfin se présenter, quand l'une des cautions succède à l'autre. Réunissant alors sur sa tête deux obligations également fortes, elle

peut être poursuivie soit en son propre nom, soit au nom
de la caution dont elle a hérité, car on ne peut savoir
lequel des deux droits serait éteint par l'autre. *Non est
novum ut fidejussor duabus obligationibus ejusdem pecuniæ
nomine teneatur... Et si fidejussor confidejussori heres
extiterit, idem erit.* (L. 21, § 1, D. *De fidejuss.*)

Remarquons que la caution qui succède à d'autres
cautions doit supporter, dans le paiement de la dette
et dans la répartition des insolvabilités, une part contri-
butoire proportionnelle aux engagements dont elle est
tenue, comme caution, tant de son chef personnel que
du chef de son auteur.

— Ajoutons que, le certificateur succédant à la caution, son engagement est éteint par confusion, à moins
que la caution n'ait une exception personnelle à faire
valoir, ou que le certificateur n'ait fourni une hypothèque.

Et réciproquement.

§ IV.

*Cas où l'Etat succède à son débiteur, ou au débiteur et
au créancier.*

A défaut de conjoint survivant, porte l'art. 768 , *la
succession est acquise à l'Etat.*

Nous n'avons pas à présenter le commentaire de cet
article ; mais il importe, pour la solution des questions
qui vont se présenter , de rechercher à quel titre les

biens d'une personne qui n'a laissé aucun successeur, ni régulier, ni irrégulier, sont recueillis par l'Etat.

Or, il a toujours été admis que le fisc n'était pas, en réalité, un héritier ni un successeur dans le sens technique de ce mot, mais qu'il prenait les biens vacants sur le territoire en vertu du droit éminent de la souveraineté. *Bona vacantia mortuorum tunc ad fiscum jubemus transferri, si nullum ex qualibet sanguinis lineâ, vel juris titulo legitimum reliquerit intestatus hæredem*, disait la loi 4, au Code, *de bonis vacantibus*.

Dans notre ancien Droit, Bacquet écrit que : « quand un homme décède sans héritiers, les biens demeurés par son décès, *non vocantur bona hæreditaria, sed vacantia nominantur*. (Traité *du Droit de déshérence*, chap. III, n° 8.)

Le législateur de 1804 a suivi la tradition. Aux termes de l'art. 539, « *tous les biens vacants et sans maître*, ET CEUX DES PERSONNES QUI DÉCÈDENT SANS HÉRITIERS, *appartiennent au domaine public* (ou plutôt au domaine *privé* de l'Etat.)

L'art. 713 attribue encore à l'Etat les biens qui n'ont pas de maître.

En présence de textes si explicites, il est permis de conclure que l'art. 768 n'en est qu'une application.

Et puisque l'Etat n'est pas un successeur, puisqu'il n'est pas *loco heredis*, il pourra sans doute exercer tous les droits que lui confère cette espèce de succession irrégulière, mais il ne sera soumis à l'exercice des actions que des tiers auraient contre le défunt, que dans la limite des biens qu'il recueille. Les règles essentielles de la comptabilité publique s'opposent d'ailleurs, à ce qu'il soit tenu au-delà des valeurs par lui recueillies, et autre-

ment que sur ces valeurs mêmes (Cass., 3 avril 1815;
Dev. et Carr. Collect. nouv., 5, I, 34; Conseil d'Etat,
13 nov. 1822, Collect. nouv., 7, II, 127 ; Conseil
d'Etat, 12 avril 1843; Merlin, *Rép.*, v° *Déshérence*,
n° 9 ; Favart, *Rép.*, v° *Tierce-opposition*, § 2, n° 9 ; Demolombe, *Traité des successions*, t. 1, n° 160, t. 2,
n° 182 ; Massé et Vergé sur Zachariæ, t. 2, p. 283.)

De ces prémisses nous conclurons que, quand l'Etat
recueille la succession vacante de son débiteur, il ne se
fait point de confusion des obligations du débiteur décédé ; ses cautions ne sont donc libérées que jusqu'à
concurrence des biens recueillis par le fisc.

Toutefois le Trésor doit exercer d'abord les priviléges qu'il pourrait avoir sur les biens du débiteur, et
venir par contribution avec les autres créanciers sur le
produit des biens pour ses créances non privilégiées ou
hypothécaires. Ce serait seulement pour le déficit qu'il
aurait action contre la caution (l. 45, § 11, D. *De jure
fisci* 49, 14.)

Si l'Etat succède d'abord au débiteur, ensuite au
créancier, le Droit romain aurait décidé que l'obligation
s'éteignait par confusion, et que les cautions étaient
libérées. Mais ces principes ne doivent pas être suivis
dans notre Droit français, puisque l'Etat ne recueillant
les biens qu'à défaut d'héritiers, ne peut être assujetti
aux dettes de la succession que comme détenteur des
biens qui y sont affectés. Par suite, la confusion ne s'o-
père que jusqu'à concurrence des biens trouvés dans la
succession débitrice de l'autre : les fidéjusseurs peuvent
être poursuivis pour le surplus.

Mais si le fisc succède à son créancier, il y a confusion et extinction complète de la dette (Toullier, n°s 434,
435; Duranton, t. 12, n°s 468 et 479.)   7

CHAPITRE II.

Comment les effets de la confusion peuvent cesser.

La confusion n'est irrévocable dans ses effets qu'autant qu'elle repose sur un titre qui est lui-même irrévocable : or, plusieurs circonstances peuvent se produire qui mettent un terme à l'impossibilité de poursuivre, conséquence forcée de ce mode d'extinction ; et alors, tantôt les choses se passent comme si l'obligation n'avait jamais été éteinte, tantôt cette renaissance du droit n'a d'effet qu'entre parties, et non à l'égard des tiers. Pour bien étudier les effets que produit la résolution de la confusion, il importe de distinguer sa *révocation* et sa *cessation;* ce qui fera l'objet de deux paragraphes.

§ 1er.

Cessation de la confusion.

Il y a *cessation* de la confusion, lorsque, *par suite d'un fait nouveau* (*ex novâ causâ*, disent les docteurs), la cause qui l'avait produite vient à disparaître.

Et par l'expression *fait nouveau*, il faut entendre les causes de rescision, résolution ou révocation, insérées après coup dans les contrats, causes qui n'ont d'autre

source que la volonté des parties. On dit qu'elles sont
nouvelles, car elles ne faisaient point partie de la convention primitive.

Cette distinction est fondamentale et la loi l'a clairement indiquée : l'art. 1134, 2e alinéa, pose en principe
que les conventions légalement formées ne peuvent être
révoquées que du consentement mutuel des parties. Or,
on sait que cette remise des choses dans l'état où elles
se trouvaient avant le contrat, cette révocation pour
l'avenir et pour le passé, n'est possible que dans les
contrats qui n'ont pas encore produit leurs effets, dont
l'existence est, par exemple, subordonnée à une condition ; mais, quant à ceux dont les effets se trouvent déjà
réalisés au moment de la convention nouvelle, ils ne
sont point révocables au gré des parties : il serait contraire tout à la fois et à la réalité, puisqu'on ne peut
pas faire que ce qui a existé n'ait pas existé, et aux intérêts des tiers (art. 1165, C. N.), que cette révocation
fût absolue. Les parties font donc plutôt un nouveau
contrat qu'elles ne révoquent l'ancien.

En veut-on des exemples : une vente a été faite avec
faculté de rachat ; dans le délai fixé par le contrat,
délai qui ne peut excéder cinq années (art. 1660), le
vendeur exerce le réméré. L'immeuble rentre dans son
patrimoine franc et quitte de toutes charges consenties
par l'acquéreur (art. 1673) ; et réciproquement, les
droits réels qu'avait l'acquéreur sur le bien et qui s'é-
taient éteints par confusion renaissent (art. 1183, 2125
et arg. art. 2177-1o). Que si le vendeur laisse passer
le délai sans exercer le réméré, l'acquéreur demeure
propriétaire incommutable (art. 1663), et dans le cas
où celui-ci consentirait à rétrocéder la chose à son ancien

maître, il y aurait alors une revente, à l'occasion de laquelle l'Etat percevrait un nouveau droit de mutation, et, de plus, le nouvel acquéreur devrait respecter les charges qui grèveraient son acquisition du chef du vendeur. Tout ceci est, en droit, élémentaire.

Aux termes de l'art. 1257, les offres réelles valablement faites libèrent le débiteur, pourvu qu'elles soient suivies d'une consignation. Si le créancier consent que le débiteur retire sa consignation, après qu'elle a été déclarée valable par un jugement passé en force de chose jugée, ce retirement ne peut pas faire revivre l'ancienne dette avec les cautionnements, priviléges ou hypothèques, qui la garantissaient (art. 1263). Un nouveau contrat se forme entre eux; une nouvelle dette est créée, qui n'a et ne peut avoir d'autres garanties que celles que le créancier stipule expressément.

L'art. 1287 1° nous offre une nouvelle application du principe que nous établissons, quand le débiteur renonce à la remise de la dette que lui avait accordée le créancier.

A la question de savoir si la cession de ses droits héréditaires par l'héritier fait renaître la créance que la confusion avait éteinte, nous répondrons qu'à l'égard des tiers la négative doit être adoptée; car la confusion ayant éteint la créance avant la cession, le créancier ne peut pas leur enlever, par un fait volontaire de sa part, le bénéfice que leur a procuré l'extinction de la dette. Ainsi, les cautions sont et resteront libérées, les priviléges et hypothèques éteints. Mais entre le cédant et le cessionnaire, les effets de la confusion cesseront, et la créance du premier renaîtra contre le second (art. 1697, 1698). — Il importe peu, au surplus, que cette cession ait ou lieu avant ou depuis l'acceptation, la cession des droits héréditaires emportant de plein droit, chez nous, acceptation de la succession, pourvu qu'elle soit faite, bien entendu, après l'ouverture de l'hérédité (C. N., art. 780, 777, 1130, cbn).

Même décision, lorsque après une pétition d'hérédité, celui à qui elle a été adjugée la cède à son adversaire, sous la condition expresse qu'il pourra exercer ses créances contre la succession, comme si elle ne lu eût jamais appartenu. (*Conf.* sur ces deux cas les lois romaines citées plus haut ; Toullier, t. 7, n° 438 ; Delvincourt, III, p. 175 ; Duranton, t. 12, n° 487, et t. 16, n° 526 ; Duvergier, t. 2, p. 348 ; Demolombe, sous l'art. 841 ; Marcadé, art. 1301, n° 4 ; Massé et Vergé sur Zachariæ, t. 3, p. 463, note 4 ; Aubry et Rau, t. 3, § 359 *ter*, note 8 ; Larombière, art. 1300, n° 14.)

§ 2.

Révocation de la confusion.

La confusion est *révoquée* quand la cause qui l'a produite est anéantie non-seulement pour l'avenir, mais encore dans le passé, soit par suite d'un vice qui était en elle, soit par la réalisation d'une condition inhérente au droit ou à la convention, *ex antiquâ et necessariâ causâ*, ainsi que le disent les commentateurs.

Nous rencontrons tout d'abord quelques hypothèses qui n'offrent aucune difficulté.

Ainsi, aux termes de l'art. 785, l'héritier qui renonce est censé n'avoir jamais été héritier. Il avait donc été saisi sous la condition résolutoire de sa renonciation (art. 724 et 785), et, par suite, les droits qu'il avait contre le défunt ou que la succession avait contre lui, s'étaient confondus sous la même condition. En conséquence, sa renonciation fait revivre les créances ou les dettes momentanément éteintes.

Ainsi encore, l'acceptation bénéficiaire empêche la confusion des qualités contraires. « C'est, dit Pothier, n° 642, un des effets du bénéfice d'inventaire que l'héritier et la succession soient regardés comme deux personnes différentes, et que leurs droits ne se confondent pas. » Et l'art. 802, Code Nap., résumant cette doctrine, porte : « L'effet du bénéfice d'inventaire est de donner à l'héritier l'avantage : 1°... ; 2° *de ne pas confondre ses biens personnels avec ceux de la succession, et de conserver contre elle le droit de réclamer le paiement de ses créances.* » Si donc le créancier est devenu héritier bénéficiaire de son débiteur, il pourra poursuivre la caution, sous la condition ordinaire de l'article 2037; car n'étant pas le représentant du défunt, sa créance ne s'est point éteinte. Par une raison semblable, il conservera, comme tout autre créancier, les priviléges et hypothèques qu'il a reçus pour sûreté de l'obligation contractée envers lui (art. 875.) Que si, au contraire, c'est le débiteur qui a hérité de son créancier, la caution n'est pas libérée envers les créanciers héréditaires, si la succession ne suffit pas à les désintéresser tous. Ces principes qui ont l'adhésion des auteurs, ont reçu une application très exacte dans un arrêt de la Cour suprême, du 1er décembre 1812, S.-V. 14, 1,59 ; J. P. t. 36, p. 369; D. P. 12. 1. 379.)

Il en serait de même, remarque Toullier, t. 7,
n° 436, si se trouvant appelé à deux successions
créancières et débitrices l'une de l'autre, un individu
les acceptait, ou seulement l'une d'elles sous bénéfice
d'inventaire. — Des effets identiques se produisent
dans le cas où la séparation des patrimoines du défunt
et de l'héritier est demandée par ses créanciers et ses
légataires. L'effet de ce bénéfice est de faire considérer
comme vivant un débiteur décédé. Les créanciers sont
payés sur les biens qu'il a laissés par préférence aux
créanciers personnels de l'héritier, et ceux-ci sur les
biens propres de l'heritier par préférence aux créanciers du défunt. En sorte que, si l'héritier est lui-même
débiteur, il sera poursuivi par les créanciers héréditaires. Dans ces cas, les cautions continueront à être
obligées jusqu'à parfait paiement. — Remarquons en
passant, avec M. Demolombe (Traité *des Succ.*, t. 5,
n°s 149 et 150), que le créancier peut demander la
séparation du patrimoine de la caution d'avec celui du
débiteur principal, dans le cas où celui-ci est devenu
héritier de la caution ; et réciproquement.

— D'après l'art. 783, « le majeur ne peut faire rescinder l'acceptation tacite ou expressse qu'il a faite
d'une succession que dans le cas où cette acceptation
aurait été la suite d'un dol pratiqué envers lui : il ne
peut jamais réclamer sous prétexte de lésion, excepté
seulement dans le cas où la succession se trouve absorbée ou diminuée de plus de moitié par la découverte
d'un testament inconnu au moment de l'acceptation. »
Cet article a soulevé des difficultés sérieuses. On s'es_t
demandé s'il est applicable : 1° au mineur ou à l'interdit ; 2° au cas où l'acceptation serait le résultat de

l'erreur ou de la violence. Il n'entre pas dans notre plan
de traiter en détail ces questions : nous dirons seulement qu'une solution affirmative doit leur être donnée,
en faisant toutefois remarquer que la difficulté n'a pas,
eu égard à l'interdit ou au mineur, et au regard de la
confusion, l'intérêt qu'elle avait en Droit romain, puisque, chez nous, la succession qui leur est échue ne
peut être acceptée que sous bénéfice d'inventaire
(art. 461, 802).

Quoi qu'il en soit, l'héritier qui a obtenu la rescision
pour une des causes exprimées ou sous-entendues dans
l'art. 783, se trouve replacé dans la position qu'il avait
auparavant : les droits et obligations, qui semblaient
éteints, revivent avec les accessoires fournis en garantie, tels que cautionnement, priviléges...

La confusion est encore révoquée *ex antiquâ et necessariâ causâ*, si l'héritier est évincé de la succession par
un parent plus proche, ou bien parce que le testament
qui l'institue se trouve nul ou révoqué par un testament postérieur.

Nous n'hésitons pas à ranger parmi les causes de
révocation le jugement qui déclare un individu indigne.
On a vu que le Droit romain admettait une solution différente, que l'héritier exclu pour cause d'indignité
n'était pas rétabli dans ses droits éteints, par ce motif
qu'il était indigne de cette restitution : *dolus enim
heredis punitus est*. Mais cette rigueur excessive, qui
n'avait d'autre but que de satisfaire l'avidité du fisc, en
lui attribuant la succession sans lui en faire supporter
les charges, n'a plus aujourd'hui sa raison d'être ; car
qui profiterait des créances de l'indigne contre le défunt, si ce n'est précisément celui qui l'a fait exclure?

Or, notre loi ne veut, sous aucun prétexte, qu'on s'enrichisse aux dépens d'autrui. Au reste, cette manière de voir n'est pas nouvelle : déjà Lebrun et son annotateur Espiard repoussaient cette doctrine, « parce qu'il n'y a que la propriété incommutable qui produise une confusion incommutable. » (Liv. 3, ch. 9, n° 25, *des successions*. Voy. aussi Rousseau de la Combe, v° *Indignité*, n° 10).

Concluons donc que tous les droits personnels ou réels éteints par une confusion momentanée, soit du chef de l'indigne contre la succession, soit du chef du défunt contre l'indigne, renaissent après que l'indignité a été déclarée. Ajoutons que cette révocation du titre d'héritier dans l'indigne doit avoir des effets absolus ; qu'ainsi les hypothèques et cautionnements, fournis de part ou d'autre pour sûreté de dettes, revivent comme par le passé (Toullier, t. 3, n° 116 et t. 7, n° 437 ; Duranton, t. 6, n°s 121 à 125, t. 12, n° 484 ; Demolombe, t. 13, n° 302 *bis* ; Demante, t. 3, n° 38 *bis* ; Marcadé, art. 729, n° 3 et art. 1301, n° 4 ; Mourlon, *loc. et op. cit.* ; Larombière, art. 1300, n° 15 ; Aubry et Rau sur Zachariæ, t. 4, p. 174).

Nous ferons remarquer, en passant, que nous admettons fort bien l'application par analogie de l'art. 958 (voy. *infrà* le § qui traite des effets d'une donation révoquée).

Et il en est de même, malgré l'opinion contraire émise par M. Duranton, t. 12, n° 483, dans le cas où le grevé de substitution restitue à un tiers les biens qu'il a reçus de son débiteur ou de un créancier, à la charge de les rendre à sa mort. Ainsi, un frère devait 2,000 fr. à son frère : il l'institue son héritier avec obligation de

restituer ses biens à ses enfants, neveux du testateur.
Nous pensons qu'advenue l'ouverture de la substitution,
les enfants, pourvu qu'ils aient accepté sous bénéfice
d'inventaire la succession de leur père, pourront poursuivre le paiement des 2,000 fr., non pas seulement
avec les priviléges et hypothèques qui garantissaient la
créance de leur oncle, le tuteur à la substitution ayant
eu soin de renouveler les inscriptions, mais encore
contre les cautions.

Pour prétendre le contraire, l'éminent professeur de
la Faculté de Paris invoque deux raisons : d'abord
l'obligation de restituer les biens n'a point empêché le
grevé d'être héritier ; ensuite les cautions ne peuvent
pas rester dans cet état toute la vie du grevé. Or, le
premier motif renferme une contradiction et un oubli
des principes : une contradiction, puisque si le grevé a
été réellement héritier, la confusion ne doit pas cesser
même à l'égard des appelés, qui ne pourront alors réclamer les 2,000 fr. à la succession de leur père, ce
que M. Duranton se garde bien d'admettre (1) ; un
oubli des principes, puisque le grevé n'acquiert sur les
biens dont le disposant le gratifie, qu'un droit de propriété révocable, un droit soumis à cette condition résolutoire : *si l'appelé survit au grevé*. Cette condition venant à se réaliser, il est censé n'avoir jamais été propriétaire de ces biens ; aussi la loi applique-t-elle la
maxime : *resoluto jure dantis, resolvitur jus accipientis*,
puisqu'elle indique dans l'article 1054 une exception

_____

(1) M. Duranton admet en effet que la confusion cesse *inter
partes*; mais il le conteste à l'égard des cautions et priviléges.

qui peut être faite à cette règle par le testateur (voy. aussi art. 1183, 2125). Le grevé n'a donc pas été véritablement héritier, et son titre étant résolu *ex antiquâ et necessariâ causâ*, sa dette renaît avec tous ses accessoires. Quant au motif tiré de ce que la caution ne peut être indéfiniment tenue, le danger redouté par M. Duranton ne se présentera guère, puisque la caution, si elle a quelque souci de ses affaires, demandera au débiteur principal la décharge de son cautionnement, conformément à l'article 2035-2°. Le législateur pouvait-il faire plus pour ménager un si puissant élément de crédit public?

Ainsi, en l'absence d'une exception formelle, nous croyons devoir nous ranger aux principes de la *révocation*. (Toullier, t. 7, n° 439).

Que décider, en ce qui touche la caution, si le créancier a consenti à recevoir en paiement une chose autre que celle qui lui est due? La caution cessera-t-elle d'être obligée, encore qu'il soit évincé de la chose reçue? Il n'est pas contestable que la créance renaîtra et, avec elle, les priviléges et hypothèques qui la garantissaient. Les principes généraux du droit exigeraient aussi que l'obligation du fidéjusseur renaisse, puisque l'extinction de la dette principale était subordonnée à la condition que le créancier resterait propriétaire de la chose donnée en paiement, ce qui, dans l'espèce, n'a pas lieu. Toutefois, le législateur a reculé devant cette conséquence, soit parce qu'il a vu dans la *datio in solutum* une novation par changement d'objet, soit, ce qui est plus généralement admis, par faveur pour la caution.

Par l'achat imprudent qu'a fait le créancier de l'immeuble de son débiteur, la caution s'est crue libérée;

elle a cessé de se précautionner contre l'insolvabilité de ce dernier. Il n'est donc pas juste de la rendre victime d'une inaction forcée, en réservant contre elle un recours tardif au créancier évincé. (Art. 2038, Duranton, t. 12, n. 486 ; Basnage, *hypoth.* p. 2 ; Pothier, *vente,* nos 603 et 604 ; *oblig.*, n. 406-4. ; Merlin, v. *subrogation,* sect. 2, § 4, n. 1 ; Troplong, *hyp.*, n. 247 et suiv. ; Ponsot, *caut.*, n. 374).

Mais comme l'art. 2038 est une exception, en vertu de l'adage : *exceptiones strictissimi juris sunt,* il faut le renfermer, non pas précisément dans l'hypothèse qu'il prévoit, mais dans les conditions qu'il exige. Et d'abord, il est spécial à la caution ; donc dans le même cas où la caution reste libérée, les priviléges ou hypothèques de l'ancienne créance revivront. Le cautionnement renaîtrait même, si l'acte duquel résulte la libération du fidéjusseur n'avait pas été *volontaire* de la part du créancier, comme, par exemple, dans le cas où la *datio in solutum* serait la suite de l'erreur, du dol ou de la violence, ou aurait été acceptée par un mineur, un interdit, une femme mariée non autorisée, et que la nullité en fût demandée pour ces diverses causes.

La confusion s'applique à toutes qualités incompatibles : il suffit donc, pour que la confusion existe, que la même personne cumule sur sa tête des droits et des obligations contradictoires, du concours desquels résulte pour elle le double titre de créancier et de débiteur. — Ainsi, nul ne peut être acquéreur, donataire, fermier de sa propre chose, avoir sur elle un droit d'usage, une servitude, une hypothèque ou un privilége ; le droit de propriété absorbe le tout : *Nemini res sua servit* (art. 705.)

Plusieurs questions, délicates à résoudre, peuvent se

présenter quand la confusion qui avait éteint ces droits
réels, est révoquée. Aucun doute n'est possible si la
révocation a lieu en vertu d'une condition résolutoire
expresse : de l'avis de tous les auteurs, les priviléges
ou hypothèques renaissent ; et, par exemple , si un
immeuble ayant été vendu avec réméré, l'action a été
exercée dans le délai fixé, comme aussi quand une
donation est révoquée pour survenance d'enfants (art.
1673, 963).

Mais cette unanimité d'opinions ne se rencontre plus
dans le cas d'une condition résolutoire tacite. Précisons :
Primus donne ou vend à Secundus un immeuble grevé
d'hypothèques au profit de ce dernier.

Plus tard, le donateur ou vendeur fait prononcer la
résolution de la donation ou de la vente pour ingratitude ou inexécution des conditions, défaut de paiement
du prix ou inexécution des charges. Les priviléges et
hypothèques qu'avait sur l'immeuble l'acquéreur ou donataire et que la confusion avait éteints, renaîtront-ils ?
La négative est soutenue par les jurisconsultes les plus
considérables, notamment par Pothier , qui admet que
la confusion continue à produire ses effets. Le principal
argument sur lequel s'appuie cette doctrine, est que la
résolution a sa cause dans un fait volontaire de l'acquéreur. Nous pensons néanmoins que l'affirmative est plus
conforme aux principes.

En effet, si nous prenons d'abord le cas de révocation
de la donation pour ingratitude, nous voyons sans doute
qu'elle est prononcée pour un fait volontaire du donataire, mais ce *fait volontaire* ne doit pas être confondu
avec le *fait nouveau* dont il était question dans le paragraphe 1er : ce dernier n'a été inséré dans le contrat

que postérieurement à sa confection, tandis que le premier y était tacitement compris ; il a mis au jour, si nous le pouvons dire, une condition tacite inhérente au contrat : or, aux termes de l'art. 1183, « la condition résolutoire est celle qui, lorsqu'elle s'accomplit, opère la révocation de l'obligation, *et qui remet les choses au même état que si l'obligation n'avait pas existé.* » Pour déroger aux conséquences de la résolution indiquées dans cet article, et appliquées tant de fois par le code, il faudrait un texte formel, qui n'existe pas : il y a mieux, car la loi se charge elle-même de repousser l'opinion contraire. Que dit, en effet, l'art. 958 ? La révocation de la donation ne préjudiciera ni aux aliénations faites par le donataire, ni aux hypothèques et autres charges réelles qu'il aura pu imposer sur l'objet de la donation, *pourvu que le tout soit antérieur à l'inscription qui aurait été faite de l'extrait de la demande en révocation, en marge de la transcription prescrite par l'art. 939.*

Dans le cas de révocation, le donataire sera condamné à restituer la valeur des objets aliénés... »

Voilà donc la révocation qui préjudicie aux donataires dans tous les cas, et aux tiers qui ont acquis des droits postérieurement à l'inscription de la demande en révocation. Et si la loi ne pousse pas le principe de la résolution à ses dernières limites, c'est parce que l'équité lui commandait de faire une exception en faveur des tiers qui ont traité avec le donataire avant cette demande ; d'une part, ils sont innocents de l'offense dont le donateur poursuit la réparation, d'autre part, ils n'ont pas pu en examinant le titre de la donation, prévoir la révocation, qui cependant y était implicitement comprise (art. 953.) Cette exception faite moins à la règle qu'en faveur des personnes, a donc sa raison dans l'équité; mais le principe reste entier. N'avons-nous pas , d'ailleurs, admis avec les auteurs que l'indignité faisait cesser la confusion d'une manière absolue , et cependant l'indignité, aussi bien que l'ingratitude , provient d'un fait personnel ! Pourquoi donc dans deux cas semblables admettre une solution différente? Voudrait-on faire durer les effets de la confusion à titre de peine ? Mais où est le texte qui prononce cette peine? Concluons de ce qui précède que les droits réels du donataire sur l'immeuble renaissent après que la donation a été révoquée.

Notre solution sera la même dans le cas où la révocation de la libéralité se fonde sur l'inexécution des conditions (art. 954.)

Enfin, si une vente est résolue pour défaut de paiement du prix, nous admettons encore que les priviléges et hypothèques éteints par la confusion , renaissent en faveur de l'ancien acquéreur (art. 1654 et 1183 , C. N.) Objectera-t-on que la vente est résolue par le fait de l'acquéreur, qui ne paie pas son prix ? Mais souvent il y a plutôt impuissance de sa part que mauvaise volonté. On peut même soutenir que la résolution est surtout volontaire de la part du poursuivant , qui agit *contra invitum et non volentem* , que la première action qui lui appartient est une action en paiement, pour laquelle il a un privilége (art. 2103) , et que l'action en résolution ne lui a été donnée que subsidiairement, pour l'indemniser du préjudice qu'il éprouve, les dommages-intérêts les plus naturels consistant , aux yeux de la loi , dans la remise des parties au même état qu'aupa-

ravant (Duranton, t. 20, nº 337; Gauthier, nº 293;
Zachariæ, t. 2, p. 291.)

Il serait d'ailleurs contraire à l'équité que la confusion
basée sur un titre qui n'a rien d'incommutable, privât
néanmoins, après sa cessation, un légitime créancier de
son droit hypothécaire. En effet, si les autres créanciers
sont d'un rang préférable, que leur importe son main-
tien? Et s'ils sont postérieurs, primés qu'ils sont par un
droit supérieur, ils n'ont dû compter sur la confusion
que si elle résultait d'un contrat irrévocable et non réso-
luble, pourvu, bien entendu, que le créancier ait renou-
velé ses inscriptions, s'il y avait lieu.

Au reste, la loi fait elle-même l'application des principes que nous venons d'indiquer, lorsque, dans l'art.
2177, supposant qu'une personne a délaissé un immeuble sur lequel elle avait, avant l'acquisition, un droit
d'usufruit, de servitude ou d'hypothèque, elle déclare
que les droits réels, éteints par confusion, renaissent,
car ils n'avaient été éteints que sous cette condition
résolutoire, que l'acquéreur resterait propriétaire de
l'immeuble. L'acte translatif de propriété étant résolu
ex antiquâ et necessariâ causâ, les choses doivent se passer comme s'il n'avait jamais existé.

La confusion suspend la prescription, en ce sens que,
si la créance renaît par la cessation des causes qui avaient
amené la confusion, on ne doit pas calculer, pour la
prescription, l'espace de temps pendant lequel la confusion a duré; car, pendant ce délai, la même personne

réunissant les qualités de créancier et de débiteur, *à semetipso exigere non potuit* (Arg. art. 2258. C. N. Vazeille, t. 1, nᵒ 514 ; Troplong, *Prescript.*, nᵒ 226 ; Larombière, art. 1300, nᵒ 20, Dalloz ; *Oblig.*, nᵒ 2826 ; Agen, 21 juillet 1827, S. V., 28. 2. 147 ; D. P. 29, 2. 91 ; Cass. 21 juillet 1829, S. V. 29. 1. 371. J. P. 3ᵉ édit., sous sa date ; D. P. 29. 1. 308.)

APPENDICE.

—

Nous terminerons cette étude par l'exposé de quelques dispositions sur la législation des émigrés afférentes à notre matière.
— Nous nous y appesantirons d'autant moins que « le Code
barbare des émigrés », pour emprunter l'expression de Toullier,
établissait des règles exceptionnelles et arbitrales, qui n'offrent
aujourd'hui aucun intérêt pratique.

Par la confiscation des biens des émigrés (1792), les droits
actifs et passifs qu'ils avaient les uns contre les autres ou contre
l'Etat, se trouvèrent réunis et confondus entre les mains du
fisc. Le premier Consul, pensant qu'une amnistie achèverait de
rendre la tranquillité au pays, l'accorda, par le sénatus-consulte
du 6 floréal an X, aux émigrés qui voudraient rentrer en France
dans un délai fixé et aux conditions prescrites.

Suivant l'art. 17 de ce sénatus-consulte, les créances des
émigrés sur le trésor public, et dont l'extinction s'était opérée
par la confusion au moment où la république avait été saisie de
leurs biens, droits et dettes actives, ne pouvaient jamais renaître. Au contraire, les créances de l'Etat revivaient toujours
contre les émigrés rentrés (art. 3 de l'arrêté du 3 floréal
an XI), à moins qu'il ne fût justifié par les débiteurs que

le Trésor avait reçu du prix de leurs biens, ou par l'effet de la confusion de droits, une somme égale au montant des créances. — Avons-nous besoin de faire remarquer combien est déplorable une législation qui fait revivre les droits en faveur d'une partie, et non en faveur de l'autre !

Quant aux droits des émigrés les uns contre les autres et qui avaient été confondus dans la main du Trésor, l'effet de cette confusion cessait du moment où ce qui restait de leurs biens respectifs avait été rendu à deux émigrés, dont l'un était créancier de l'autre. Ce n'était donc qu'au profit de l'Etat que les créances des émigrés étaient éteintes par confusion. (Merlin, répert., v° confusion, § 5 ; Toullier, t. 7, n°⁵ 440 et suiv. ; décret du 18 janvier 1813, S. V. 13. 2. 302; Cass., 24 mars 1817, S.-V. 18. 1. 21. D. P. 17. 1. 221; 6 mai 1818, S.-V., 18. 1. 29; 13 mai 1807. D. a. 6. 808; 7 mai 1809, S.-V. 7. 2. 767; D. a. 10. 646).

La loi du 5 décembre a maintenu, soit envers l'Etat, soit envers les tiers, tous jugements et décisions rendus, tous actes passés, tous droits acquis, fondés sur des lois ou des actes du gouvernement relatifs à l'émigration.

POSITIONS.

DROIT ROMAIN.

Les fruits perçus par le possesseur de bonne foi, ne peuvent pas être revendiqués par le propriétaire.

Pour que la propriété soit transférée par la tradition, suffit-il que les parties soient d'accord sur la translation de propriété ? Leur accord doit-il porter, en outre, sur la cause de cette acquisition ? Julien professe la première opinion (l. 36 , D. *De acq. rer. dominio*) ; Ulpien la réfute dans la loi 18, D. *De reb. cred.*

L'opinion de Julien est plus conforme aux principes du Droit romain.

La propriété, même avant Justinien, était retransférée *ipso jure* au vendeur ou au donateur par l'accomplissement de la condition résolutoire.

La question de savoir si le bénéfice de la *restitutio in integrum* concédé au mineur s'étend aux fidéjusseurs ne comporte pas de solution absolue ; elle ne peut être tranchée qu'à l'aide de distinctions.

Il n'y a pas antinomie entre les lois 18. D. *De duob. reis*, 32, § 4, *De usuris*, et 175, § 2, *De reg. juris*. La conciliation proposée par Cujas doit être admise.

Le simple pacte engendre une obligation naturelle.

ANCIEN DROIT FRANÇAIS.

La saisine héréditaire était une saisine collective *in solidum*.

La femme était, en principe, incapable comme le mineur. *Elle n'a ni valoir ni vouloir*, disait la Coutume d'Arras.

La puissance paternelle existait dans le droit coutumier. La règle de Loisel : *Puissance paternelle n'a point lieu*, fait allusion à la *patria potestas* des Romains,

Après quelques fluctuations de la jurisprudence, on décida que, pour parfaire la légitime, on devait réduire les donations par ordre successif.

Code Napoléon.

Le mariage contracté par l'interdit dans un intervalle lucide est valable.

La possession d'état, de même que la reconnaissance authentique, et indépendamment d'un commencement de preuve par écrit, doit être admise comme preuve de la filiation naturelle, tant à l'égard du père qu'à l'égard de la mère.

L'usufruitier ne peut contraindre le propriétaire à faire les grosses réparations.

L'héritier réservataire ne peut, en renonçant à la succession pour s'en tenir à la donation qui lui a été faite, cumuler et la quotité disponible et la réserve.

Les biens donnés par un ascendant ne doivent pas entrer dans la masse sur laquelle se calcule la quotité disponible et la réserve.

Le paiement d'une dette nulle pour cause illicite ne peut être maintenu sous prétexte d'acquittement d'une obligation naturelle.

En principe, une dette *valable* n'est pas irrévocablement novée par une dette *annulable*.

On doit considérer comme virtuellement soumises à responsabilité solidaire, toutes les personnes qui ont commis ensemble et de concert un délit civil.

Le contrat de mariage fait par un mineur qui n'avait pas l'âge requis pour contracter mariage, est susceptible de ratification.

La dot mobilière est aliénable.

La vente de la chose d'autrui est nulle pour erreur sur une des qualités substantielles.

Dans le cas où une cession a été signifiée entre deux saisies-arrêts, la répartition des deniers doit s'opérer de la manière suivanto : le premier saisissant aura tout ce qu'il aurait eu si la saisie postérieure à la signification était arrivée avant; le cessionnaire prendra tout ce qu'il aurait eu s'il n'y avait pas eu de saisie postérieure ; ce qui restera appartiendra au saisissant postérieur.

Le vendeur de créances peut invoquer le privilége que l'article 2102-4º crée au profit du vendeur d'effets mobiliers non payés.

Le donateur n'a pas privilége sur l'immeuble donné pour l'exécution des charges de la donation.

La séparation des patrimoines n'est pas un privilége.

La femme étrangère n'a pas d'hypothèque légale sur les biens de son mari situés en France.

L'art. 121 de l'ordonnance de 1629 a été virtuellement abrogé par les art. 2123, C. N., et 546, C. P. C.

Procédure civile.

La question de savoir si les juges peuvent accorder des délais, lorsque le créancier agit en vertu d'un titre exécutoire autre qu'un jugement, doit être résolue affirmativement.

Le défendeur étranger peut exiger la caution *judicatum solvi* du demandeur étranger.

L'appel ne doit profiter qu'à la partie qui l'a interjeté, à moins qu'elle n'ait agi comme mandataire de ses litisconsorts, ou qu'elle n'ait intérêt à ce que l'appel leur profite.

L'appel ne peut être opposé qu'à la partie à qui il a été signifié, à moins que l'appelant n'eût juste sujet de croire que cette partie avait mandat des autres de soutenir tout le procès.

Une créance frappée de saisie-arrêt ne devient indisponible que jusqu'à concurrence des causes de la saisie.

Droit criminel.

Quelque regrettable que soit cette lacune, il nous paraît que, dans l'état actuel de notre législation pénale :

1º Le coauteur ou le complice d'un suicide doit rester impuni;

2º Le duel ne constitue ni crime ni délit.

La poursuite en adultère de la femme s'éteint par la mort du mari.

Le bénéfice des circonstances atténuantes peut être accordé au contumax.

Droit commercial.

La présomption que l'engagement souscrit par un commerçant, sans expression de cause, est commercial, ne doit pas être appliquée au mineur commerçant.

Le commissionnaire pour *achats* n'a point droit au *privilège* accordé par l'art. 95, C. Co., au commissionnaire pour les *ventes*.

En cas de faillite du tiré, la provision appartient au porteur.

La Compagnie qui a assuré la vie de l'homme est-elle tenue de la somme stipulée, quel que soit le genre de mort ? Il faut distinguer.

Droit administratif.

Les rivières non-navigables ni flottables sont des choses communes, dont la propriété n'appartient à personne.

L'autorité administrative est incompétente pour juger les contestations qui s'élèvent à l'occasion des baux passés par les départements, les communes et les établissements publics.

Le maire peut, en l'absence d'un plan général d'alignement, donner un alignement partiel.

L'art. 166, C. P. Civ. (caution *judicatum solvi*), est applicable aux étrangers demandeurs qui plaident devant les juridictions administratives.

Vu par le Président de la thèse,
A. RODIÈRE.

Vu par le Doyen de la Faculté,
CHAUVEAU ADOLPHE.

Vu et permis d'imprimer :

Le Recteur,
ROUSTAN.

Cette Thèse, par suite d'une modification, sera soutenue le samedi, 24 décembre 1864, à une heure.

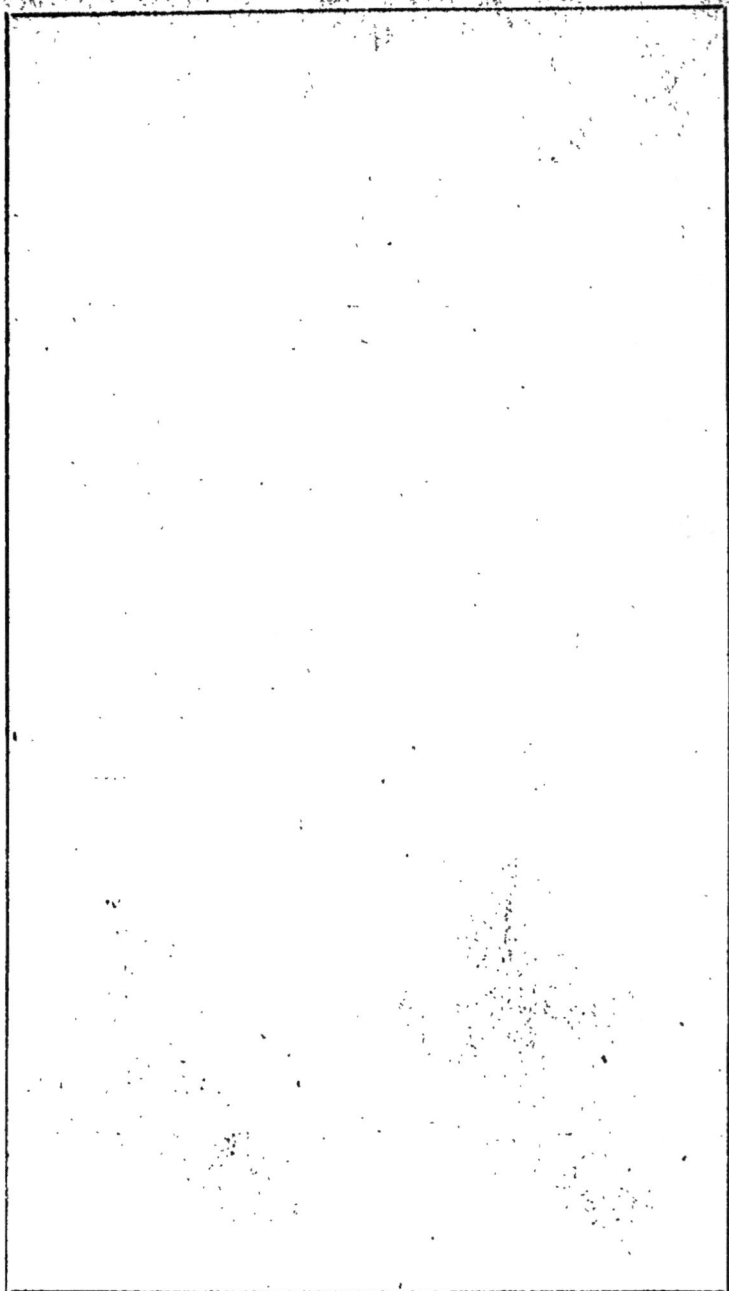

www.ingramcontent.com/pod-product-compliance
Lightning Source LLC
Chambersburg PA
CBHW071200200326
41519CB00018B/5303